T0207743

essentials

essentials liefern aktuelles Wissen in konzentrierter Form. Die Essenz dessen, worauf es als „State-of-the-Art" in der gegenwärtigen Fachdiskussion oder in der Praxis ankommt. *essentials* informieren schnell, unkompliziert und verständlich

- als Einführung in ein aktuelles Thema aus Ihrem Fachgebiet
- als Einstieg in ein für Sie noch unbekanntes Themenfeld
- als Einblick, um zum Thema mitreden zu können

Die Bücher in elektronischer und gedruckter Form bringen das Fachwissen von Springerautorinnen kompakt zur Darstellung. Sie sind besonders für die Nutzung als eBook auf Tablet-PCs, eBook-Readern und Smartphones geeignet. *essentials* sind Wissensbausteine aus den Wirtschafts-, Sozial- und Geisteswissenschaften, aus Technik und Naturwissenschaften sowie aus Medizin, Psychologie und Gesundheitsberufen. Von renommierten Autorinnen aller Springer-Verlagsmarken.

Peter Reichl

Eine kurze Geschichte der Technischen Informatik

Wie ein Computer funktioniert – anschaulich erklärt

 Springer Vieweg

Peter Reichl
Fakultät für Informatik der Universität Wien
Wien, Österreich

ISSN 2197-6708   ISSN 2197-6716   (electronic)
essentials
ISBN 978-3-658-41182-4   ISBN 978-3-658-41183-1   (eBook)
https://doi.org/10.1007/978-3-658-41183-1

Die Deutsche Nationalbibliothek verzeichnet diese Publikation in der Deutschen Nationalbiblio-
grafie; detaillierte bibliografische Daten sind im Internet über http://dnb.d-nb.de abrufbar.

Planung/Lektorat: David Imgrund
Springer Vieweg ist ein Imprint der eingetragenen Gesellschaft Springer Fachmedien Wiesbaden
GmbH und ist ein Teil von Springer Nature.
Die Anschrift der Gesellschaft ist: Abraham-Lincoln-Str. 46, 65189 Wiesbaden, Germany

Was Sie in diesem *essential* finden können

- Eine leichtverständliche Einführung in die Funktionsweise heutiger Computer
- Einen Einblick in das Rechnen mit Binärzahlen und Wahrheitswerten
- Einen Überblick über die Grundlagen der Transistortechnologie
- Das Wichtigste zum Thema Schaltungen und Speicher
- Eine Übersicht über Aufbau und Komponenten eines Prozessors
- Einen Ausblick auf das Quantencomputing
- Eine Vielzahl ergänzender Kurzvideos auf https://tgi.guru

Vorwort

Wie machen wir's, dass alles frisch und neu
und mit Bedeutung auch gefällig sei?
(Goethe, Faust I, Vorspiel auf dem Theater)

Heutige Computer stellen technische Meisterwerke dar. Ihr Funktionieren auf weniger als 50 Seiten so zu erklären, dass es für Nichtfachleute verständlich wird und zugleich für studierende und professionelle Informatiker*innen interessant bleibt, ist eine besondere Herausforderung, der sich dieses Büchlein stellen möchte. Sein Inhalt ist die Frucht der Einführungsvorlesung „Technische Grundlagen der Informatik", die der Autor seit 2013 zweimal jährlich an der Universität Wien zu halten das Vergnügen hat – ein Vergnügen nicht nur aufgrund der wunderbaren Zusammenarbeit mit seinem Kollegen Andreas Janecek, sondern auch durch die vielen Impulse seitens der Studierenden, die immer wieder Eingang in die nachfolgende Darstellung gefunden haben. Ihnen allen sei von Herzen gedankt. Der Dank erstreckt sich auf die Studierenden des Moduls „Digitales Denken" im Studium Generale der Universität·Wien, die durch ihr konzentriertes Lesen des Manuskripts entscheidende Hinweise zu seiner Verbesserung beisteuerten, ebenso wie Gabriele Uchida und Helmut Leopold. Und natürlich sind auch die Mitglieder meiner Forschungsgruppe darin eingeschlossen, die mich Tag für Tag und Gespräch um Gespräch ertragen, herausfordern und inspirieren. Vor allem aber gilt mein Dank meiner wundervollen Frau Marena, unserem Sohn Ilia und unserem Enkel Aleksander: Ihr macht mich glücklich, und euch dreien sei diese Geschichte gewidmet.

Wien   Peter Reichl
am 1. Jänner 2023

Inhaltsverzeichnis

Einleitung

Informatik beschäftigt sich damit, wie man Information erfassen, verarbeiten, speichern und übertragen kann. Wir wollen uns hier vor allem der Frage widmen, wie Computer all dies ganz alleine hinbekommen. Dabei handelt es sich um ein Gebiet, das ob der Fülle der technischen Details oft verwirrend und unübersichtlich erscheint, aber es gibt auch eine Geschichte dahinter, und diese Geschichte wollen wir hier erzählen. Es ist die kurze Geschichte der Technischen Informatik.

Eine Geschichte zu erzählen bedeutet immer, den Blick auf das Wesentliche zu lenken. Deshalb werden wir, wo immer es geht, auf unnötige Einzelheiten verzichten. Uns interessiert einzig und allein, wie es denn überhaupt möglich ist, dass ein Stück Silizium eigenständig rechnen und logische Entscheidungen treffen kann. Wir beginnen mit der Frage, was denn „digital" eigentlich bedeutet, und lassen uns von ihr in die Welt der binären Arithmetik und Booleschen Algebra entführen. Dabei stellt sich heraus, dass wir für unser Vorhaben mit ganz wenigen Bausteinen auskommen, nämlich der Unterscheidung von 0 und 1 sowie einer Handvoll logischer Grundoperationen. Für deren technische Realisierung benötigen wir besondere Materialien, die Halbleiter, deren Eigenschaften wir als Nächstes erkunden. Sobald wir dann verstehen, wie ein Transistor arbeitet, ist es nur noch ein kleiner Schritt zum Bau der ersten Schaltungen, die wir dann in einer Art Legospiel immer komplexer gestalten, bis hin zu den Grundkomponenten eines Prozessors. Dann schauen wir uns noch Speicherzellen an und haben damit alles beisammen, was wir für den Bau eines Computers brauchen, nur um abschließend feststellen zu müssen, dass es aber auch ganz anders geht. Denn mit dem Quantencomputing tut sich eine wundersame neue Technologie am Horizont auf, die zwar auf komplett anderen physikalischen Grundlagen beruht, aber doch erstaunlich viel mit dem zu tun hat, was wir bis dahin diskutiert haben.

P. Reichl, *Eine kurze Geschichte der Technischen Informatik*, essentials, https://doi.org/10.1007/978-3-658-41183-1_1

Das also ist unsere Geschichte in aller Kürze. Doch wo beginnen? Wir machen
es uns ganz einfach und werden nichts voraussetzen, einfach von vorne anfangen
und alles weglassen, was uns ablenken könnte. Damit wird es doppelt interessant:
Wer sich zum ersten Mal mit der Frage beschäftigt, was denn eigentlich im
Inneren seines Computers passiert, erhält eine fundierte Idee davon, wer sich
aber schon etwas auskennt, wird hoffentlich einen ebenso erfrischenden wie
stringenten Zugang vorfinden.

So ist dies eine Geschichte für jedermann und jedefrau. Trotz allen Bemühens
wird es hin und wieder etwas Geduld brauchen, um sich auf das Erzählte ein-
zulassen, doch dabei leisten die im Internet unter https://tgi.guru zusätzlich zur
Verfügung gestellten Materialien und Kurzvideos hoffentlich gute Dienste, und
umso größer wird ja auch die Vorfreude auf das, was am Ende winkt: zu wissen,
was die (Rechner-)Welt im Innersten zusammenhält.

Prolog:
Digital – Was ist das eigentlich?

Fangen wir mit einer scheinbar einfachen Frage an: Was ist *Information*, und wie kann man sie darstellen? Information hat viel damit zu tun, dass wir Menschen unsere Welt mithilfe von Symbolen beschreiben. Nehmen wir zum Beispiel das Wetter. Wenn wir ausdrücken wollen, ob es an einem Tag regnet oder nicht, dann können wir dazu zwei Symbole 0 und 1 verwenden: 0 steht für einen regnerischen Tag, 1 für einen Tag voll Sonnenschein. Damit können wir – cum grano salis – jeden einzelnen Tag entweder mit einer 0 oder einer 1 beschreiben, und wir finden das heraus, indem wir am Morgen aus dem Fenster schauen.

Information. Information ist also so etwas wie die Verringerung von Unsicherheit – beim Aufwachen waren die Chancen noch 50:50, nach dem Blick aus dem Fenster sind wir schlauer. Das mit dem „fifty-fifty" stimmt natürlich nicht ganz: Wir alle wissen, dass je nach Jahreszeit auf einen Sonnentag oft noch ein Sonnentag folgt – das kommt dann nicht so ganz überraschend. Interessant wird es erst, wenn es dann wieder einmal regnet und wir den Schirm auspacken müssen. So gesehen ist Information also, wie es Gregory Bateson einmal formuliert hat, „ein Unterschied, der einen Unterschied macht".

Zahlen. Nun beschreiben die Menschen schon viele Jahrtausende lang ihre Welt auch deswegen so gern mithilfe von Zahlen, weil diese ganz besonders gut geeignet sind, um solche Unterschiede darzustellen – ja, man könnte sogar sagen, die Mathematik ist eigentlich nichts anderes als eine besonders präzise Sprache zur Beschreibung unserer Welt. Besonders nützlich sind dabei die ganzen Zahlen, die wir ja alle vom Zählen kennen. Sie sind aber auch für Digitalrechner äußerst wichtig; das zeigt sich schon daran, dass das Wort *digital* vom lateinischen „digitus" = der Finger kommt. Digital rechnen heißt daher eigentlich nichts anderes als „Rechnen wie mit Fingern": 1, 2, 3, 4, 5 …

P. Reichl, *Eine kurze Geschichte der Technischen Informatik*, essentials, https://doi.org/10.1007/978-3-658-41183-1_2

$$\overbrace{2503} = 2000 + 500 + 3 =$$
$$= 2 \cdot 10^3 + \underline{5} \cdot 10^2 + \underline{0} \cdot 10^1 + \underline{3} \cdot 10^0$$

$$\overbrace{1101} = 8 + 4 + 1 =$$
$$= \underline{1} \cdot 2^3 + \underline{1} \cdot 2^2 + \underline{0} \cdot 2^1 + \underline{1} \cdot 2^0 = 13$$

Abb. 1 2503 im Dezimalsystem (links) und 1101 im Binärsystem (rechts)

Stellenwertsystem. Mit Zahlen umgehen zu können ist für Computer von entscheidender Bedeutung – man erwartet von einem Rechner ja zu Recht, dass er zumindest rechnen kann. Zahlen bieten zudem die Möglichkeit, Information in Form von *Daten* zu repräsentieren. Wir müssen sie jedoch so aufschreiben, dass sie auch ein Computer versteht – aber wie? Nun ja, in unserem Alltag verwenden wir dafür seit langem die arabischen Ziffern (die ja eigentlich aus Indien stammen), und zwar als *Stellenwertsystem*, bei dem es für den Zahlenwert nicht nur entscheidend ist, welche Ziffern in der Zahl vorkommen, sondern auch, wo genau sie stehen. Das sieht man sehr schön am Dezimalsystem, in dem etwa die Zahl 2503 nichts anderes ist als die Summe in Abb. 1 links. Hierbei spielt die Zahl 10 eine ganz besondere Rolle: Zum einen gibt es genau 10 verschiedene Ziffern, und zum anderen tauchen bei den einzelnen Summanden jeweils Potenzen von 10 als „Gewichte" auf. Nach demselben Prinzip lassen sich übrigens auch Kommazahlen darstellen, wir müssen dazu nur negative Zahlen als Exponenten zulassen: 3,14 ist demnach nichts anderes als $3 \cdot 10^0 + 1 \cdot 10^{-1} + 4 \cdot 10^{-2}$.

Binärsystem. Nun ist nicht gesagt, dass ein solches Stellenwertsystem immer auf der Basis 10 beruhen muss, vielmehr geht das genauso auch mit jeder anderen Zahl als Basis, nur mit der 1 macht das keinen Sinn. Besonders interessant ist dabei das Stellenwertsystem zur Basis 2, die *Binärzahlen*. Hier bestehen die Zahlen aus zwei Ziffern (nämlich 0 und 1) und wir müssen die einzelnen Stellen jeweils mit Zweierpotenzen multiplizieren, siehe Abb. 1 rechts (Achtung: Hier wie im Folgenden schreiben wir Binärzahlen immer mit den Ziffern 0 und 1 und Dezimalzahlen ganz normal mit den Ziffern 0, 1, 2, 3, ...). 1101 ist daher im Binärsystem die Zahl, die im Dezimalsystem 13 heißt. Abgesehen davon funktioniert aber hier wie dort alles gleich, insbesondere gibt es im Binärsystem genauso Kommazahlen wie im Dezimalsystem.

Diskretisierung. Entscheidend für uns ist nun, dass die Zahlen, mit denen es ein Digitalrechner zu tun hat, immer *diskret* sind, d. h. sie halten Abstand zueinander. Am einfachsten sieht man das an den ganzen Zahlen, hier ist der Abstand zwischen zwei Nachbarn jeweils 1. Aber auch Kommazahlen befolgen dieses Abstandsgebot, spätestens wenn wir sie runden müssen, weil es zum Speichern nur endlich viel Platz gibt. Während also zum Beispiel die Kreiszahl $\pi = 3,14159265\ldots$ ja eigentlich unendlich viele Nachkommastellen hat, können wir in einem Rechner nur endlich viele davon verwenden (wie wir ja auch im Alltag oft einfach mit $\pi = 3,14$ rechnen). Durch diese Rundung ergibt sich ein Minimalabstand, da sich zwei Zahlen jeweils in der letzten Nachkommastelle unterscheiden müssen (in unserem Beispiel wäre dieser Abstand 0,01 – die nächstgrößere Zahl ist ja 3,15).

Digital. So gesehen hat „digital" also nichts mit elektronisch o. ä. zu tun, sondern vor allem damit, dass wir erstens Informationen mit Hilfe von Zahlen ausdrücken, und dass zweitens diese Zahlen diskret sind. Wie das dann realisiert wird, ist demgegenüber zweitrangig: Digitalrechner können sehr wohl auch mechanisch sein und ohne Strom funktionieren (Abb. 2), und das war ja auch lange Zeit der Fall. Bereits 1623, also vor 400 Jahren, konstruierte der Tübinger Hebräischprofessor Wilhelm Schickard als Erster mithilfe von Zahnrädern einen mechanischen Rechner. Kurz darauf baute Blaise Pascal mit der „Pascaline" eine funktionierende Maschine zum Addieren und Subtrahieren, bevor Gottfried Wilhelm Leibniz 1673 einen Digitalrechner gleich für alle vier Grundrechenarten erfand. Damit legten diese genialen Pioniere das Fundament für die weitere Entwicklung des Computers bis heute, denn viele der Ideen von damals stecken auch noch in der aktuellsten Rechnertechnologie.

Abb. 2 Blick in das Innere eines mechanischen „Arithmomètre" aus dem Jahr 1895

Vom Bit zum Transistor

Binäre Arithmetik: 1 + 1 ist nicht immer 2

Für einen Rechner sind die Binärzahlen, die wir gerade kennengelernt haben, vor allem deswegen praktisch, weil es genügt, zwei Zustände (0 und 1) zu unterscheiden, um beliebige Zahlen aufzuschreiben. Wie aber rechnet man mit diesen Binärzahlen? Die Antwort ist simpel: genauso wie mit Dezimalzahlen. Schauen wir uns dazu zunächst die **Addition** an. Der einfachste Fall bei den Dezimalzahlen ist die Addition zweier einstelliger Zahlen: $7 + 5 = 12$. Wir beobachten dabei dreierlei: Es kann zu einem Übertrag kommen, deshalb fällt das Ergebnis in unserem Beispiel zweistellig aus. Andererseits ist der Übertrag auf die Zehnerstelle nie größer als 1 (warum?). Welche Ziffer schließlich das Ergebnis für die Einerstelle ist, das haben wir irgendwann einmal in der Schule mühsam auswendig gelernt: $7 + 1 = 8, 7 + 2 = 9, 7 + 3 = \ldots$

Summenbit und Übertrag. Addieren wir nun zwei einstellige Binärzahlen (= zwei **Bits**), so kann es auch hier einen Übertrag geben, und zwar im Fall $1 + 1$, denn das Ergebnis (dezimal: $1 + 1 = 2$) heißt im Binärsystem $1 + 1 = 10$ und hat zwei Stellen. Andererseits gibt es bei der Addition zweier Bits nur vier verschiedene Möglichkeiten, sodass wir das Ergebnis für die Einerstelle (das **Summenbit**) und das **Übertragsbit** wie in Tab. 1 bequem als Tabelle aufschreiben können.

Addition. Auf Dauer ist das Addieren einstelliger Zahlen natürlich nicht besonders aufregend, und wir würden sehr gerne auch längere Zahlen zusammenzählen können. Erinnern wir uns dazu wieder, wie wir das in der Schule für das Dezimalsystem gelernt haben: Wir schreiben zwei Summanden untereinander und beginnen ganz rechts mit der Addition der beiden Einerstellen. Heraus kommt eine Ziffer für die

© Der/die Autor(en), exklusiv lizenziert an Springer Fachmedien Wiesbaden GmbH, ein Teil von Springer Nature 2023
P. Reichl, *Eine kurze Geschichte der Technischen Informatik*, essentials,
https://doi.org/10.1007/978-3-658-41183-1_3

Tab. 1 Additionstafel für zwei einstellige Binärzahlen

BINÄRE ADDITION: a + b				ZUM VERGLEICH
a	b	Übertragsbit	Summenbit	dezimal
0	0	0	0	0 + 0 = 0
0	1	0	1	0 + 1 = 1
1	0	0	1	1 + 0 = 1
1	1	1	0	1 + 1 = 2

Einerstelle des Resultats (die schreiben wir darunter als Ergebnis auf) und eventuell ein Übertrag, den wir uns merken. Sodann rücken wir eine Stelle nach links, dort haben wir wieder zwei Ziffern, die wir addieren, plus ggf. den Übertrag, den wir uns gerade eben gemerkt haben und den wir noch dazuzählen. Heraus kommt erneut eine Ziffer als Zehnerstelle des Ergebnisses und möglicherweise ein erneuter Übertrag. So wiederholt sich das Spiel, bis wir ganz links angekommen sind.

Im Binärsystem funktioniert das ganz genauso. Um zwei lange Binärzahlen zu addieren, schreiben wir sie also untereinander, fangen ganz rechts an, schreiben die Einerstelle des Resultats als Summenbit auf, merken uns einen allfälligen Übertrag und gehen um eine Stelle nach links weiter. Hier haben wir wiederum zwei einstellige Binärzahlen plus eventuell den Übertrag von gerade eben, was maximal $1 + 1 + 1 = 11$ (dezimal $1 + 1 + 1 = 3$) ergibt, also ein zweistelliges Ergebnis, von dem wir die letzte Stelle als Summenbit übernehmen und uns den Übertrag merken. Das wiederholen wir dann so lange, bis wir ganz links angekommen sind, und haben so die beiden Binärzahlen addiert.

Multiplikation. Wie steht es um die anderen Grundrechenarten? Wenn wir einmal addieren können, dann ist das Multiplizieren leicht. *Multiplikation* ist ja im Grunde nichts anderes als mehrfache Addition: Multiplizieren wir eine Zahl mit dem Faktor 2, dann addieren wir einfach diese Zahl zu sich selbst; nehmen wir sie mal 3, dann addieren wir sie zunächst zu sich selbst und dann gleich noch einmal zum Ergebnis usw. Anders ausgedrückt: Sobald unser Rechner die Addition beherrscht, kann er auch multiplizieren.

Subtraktion. Interessanter wird es wieder, wenn es um das Subtrahieren geht. Man kann nämlich, so überraschend das auf den ersten Blick klingen mag, auch die *Subtraktion* zweier Zahlen auf eine Addition zurückführen. Die Grundidee findet sich bereits in der oben erwähnten Pascaline und funktioniert so: Nehmen wir an, wir wollen $29 - 13 = 16$ berechnen. Um das mit Hilfe einer Addition zu schaffen, bräuchten wir eine Art „magische Zahl", die wir zur 29 addieren, um zum Ergebnis 16 zu kommen. Um diese zu erhalten, nehmen wir zunächst die nächsthöhere Zehnerpotenz, in diesem Fall also 100, und ziehen die 13 davon ab. Und jetzt Achtung: Das Ergebnis 87 ist unsere magische Zahl, das sog. *vollständige Komplement*. Warum? Nun, $29 + 87 = 116$, das ist zwar genau um 100 größer als das gesuchte Ergebnis, aber wenn wir einfach die führende 1 ignorieren (streichen), erhalten wir ohne weitere Umwege das korrekte Resultat 16.

Komplemente. Wer jetzt genau aufgepasst hat, wird natürlich sofort einwenden: Ja und, was ist damit gewonnen? Wir haben ja immer noch eine Subtraktion, nur jetzt halt $100 - 13$. Das stimmt natürlich, aber diese neue Subtraktion ist viel einfacher als die ursprüngliche, und zwar aus zwei Gründen. Zum einen können wir $100 - 13$ berechnen, indem wir zunächst $99 - 13$ ausrechnen (das sog. *Stellenkomplement*) und dann 1 dazuzählen. Das ist deshalb praktisch, weil $99 - 13$ in den einzelnen Stellen unabhängig voneinander berechnet werden kann: Die Zehnerstelle des Ergebnisses ist die Differenz der beiden Zehnerstellen ($9 - 1$), und die Einerstelle des Ergebnisses ist die Differenz der beiden Einerstellen ($9 - 3$). Insgesamt erhalten wir so 8 als Zehnerstelle und 6 als Einerstelle des Ergebnisses, also 86, addieren wie besprochen noch 1 und landen wieder bei unserer magischen Zahl 87 (siehe Abb. 1 links).

Jetzt kommen wir zum zweiten Grund, und der ist entscheidend: Wie sieht dieselbe Rechnung im Binärsystem aus? Auch hier erhält man das vollständige Komplement, welches man erhält, indem man zum Stellenkomplement noch 1 dazuzählt. Während wir aber im Dezimalsystem für das Stellenkomplement jeweils den Unterschied zur 9 (als höchster möglicher Ziffer) ausrechnen mussten, entspricht das im Binärsystem dem Unterschied zur 1 (höchste Ziffer im Binärsystem). Für

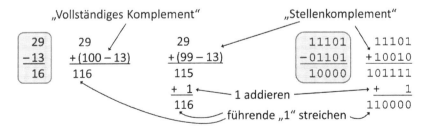

Abb. 1 Vollständiges Komplement und Stellenkomplement: dezimal (links) und binär (rechts)

das Stellenkomplement von $13 = 01101$ bestimmen wir also die Differenz zur Binärzahl 11111, und zwar Stelle für Stelle: Überall, wo bei 01101 eine „1" steht, haben wir im Stellenkomplement eine „0", und überall wo eine „0" steht, findet sich im Stellenkomplement eine „1". Das heißt aber: Wir müssen also für das binäre Stellenkomplement ($=$ *Einerkomplement*) gar nicht mehr subtrahieren, stattdessen „kippen" wir einfach die einzelnen Ziffern der Binärzahl: aus „0" mach „1", aus „1" mach „0", und wir sind fertig. In unserem Beispiel erhalten wir 10010, dann noch flugs 1 dazugezählt und das vollständige Komplement ($=$ *Zweierkomplement*) ergibt sich zu 10011. Das heißt, zur Berechnung von $29 - 13$ im Binärsystem addieren wir 11101 ($= 29$) und 10011 (vollständiges Komplement von 13), streichen die führende 1 und erhalten 10000 ($= 16$) als korrektes Resultat, vgl. Abb. 1 rechts.

Das klingt jetzt alles vielleicht ein bisschen kompliziert, aber es lohnt sich, das genau zu durchdenken, denn hier liegt eines der zentralen Erfolgsgeheimnisse des Binärsystems verborgen: Wenn ich mit Binärzahlen rechne, und nur dann, kann ich tatsächlich die Subtraktion zweier Zahlen auf eine Addition mit dem vollständigen Komplement zurückführen, ohne dass ich zu dessen Berechnung noch subtrahieren können muss.

Division. Das alles funktioniert tadellos, solange das Ergebnis positiv ist. Wenn etwas Negatives herauskommt, muss man das Vorgehen leicht modifizieren, aber auch in diesem Fall lässt sich die Subtraktion auf eine Addition zurückführen. Und last not least sei noch darauf hingewiesen, dass wir damit jetzt auch dividieren können. Denn ähnlich wie die Multiplikation nichts anderes ist als eine wiederholte Addition, so können wir die *Division* als wiederholte Subtraktion auffassen. Wollen wir z. B. $35:7$ berechnen, dann ziehen wir 7 so oft von 35 ab, bis nichts mehr übrig ist, und zählen dabei mit. Vereinfacht aufgeschrieben (Mathematiker*innen bitte wegschauen, alle anderen wissen, was gemeint ist...): $35 - 7 (= 28) - 7 (= 21) - 7 (= 14) - 7 (= 7) - 7 = 0$, d. h. ich ziehe die 7 fünfmal ab, damit ist das Ergebnis $35:7 = 5$.

Zusammenfassung. Insgesamt funktioniert also das Rechnen im Binärsystem genauso wie im Dezimalsystem und basiert auf denselben Rechengesetzen, erlaubt allerdings eine entscheidende Vereinfachung: Es genügt, die Addition zu beherrschen, um alle vier Grundrechenarten direkt darauf zurückzuführen, und man muss nicht einmal beliebige Zahlen addieren können, sondern es reicht aus, wenn man das für zwei einstellige Binärzahlen samt Übertrag im Griff hat. Sobald ein Computer das beherrscht, beherrscht er die gesamte Arithmetik.

Boolesche Algebra: Mit der Wahrheit rechnen

Kann man eigentlich nur mit Zahlen rechnen? Diese Frage stellte sich Mitte des 19. Jahrhunderts der englische Mathematiker George Boole. Was ihn besonders interessierte, waren die Gesetze der Aussagenlogik, und die nach ihm benannte *Boolesche Algebra* ist im Grunde nichts anderes als eine systematische Sammlung von Rechenvorschriften für *Wahrheitswerte*.

Wahrheitswerte. Boole beschäftigte sich mit Aussagen, wie z. B. „Es regnet" oder „Die Straße ist nass", die jede für sich wahr oder falsch sein können. Wenn es draußen regnet, dann ist die Aussage „Es regnet" wahr, sie hat den Wahrheitswert „wahr", während sie bei Sonnenschein falsch ist, also den Wahrheitswert „falsch" besitzt. Interessant wird es nun, wenn wir aus den beiden Aussagen durch eine *Verknüpfung* eine neue kombinierte Aussage basteln, wie etwa: „Es regnet UND die Straße ist nass". Diese kombinierte Aussage hat natürlich ihrerseits wiederum einen Wahrheitswert, sie ist wahr oder falsch. Und jetzt kommt die entscheidende Frage: Können wir diesen Wahrheitswert berechnen, wenn wir die einzelnen Wahrheitswerte der ursprünglichen Einzelaussagen „Es regnet" und „Die Straße ist nass" kennen?

Verknüpfungen. Booles Antwort lautete: Ja, das geht. Wir können systematisch die Wahrheit einer kombinierten Aussage „A UND B" ableiten, sobald wir die Wahrheitswerte der Aussagen A bzw. B kennen. Im Falle einer Verknüpfung mit „UND" sieht das z. B. so aus, dass die kombinierte Aussage „A UND B" genau dann wahr ist, wenn beide Aussagen A und B selber wahr sind, in allen anderen Fällen ist die kombinierte Aussage falsch. Natürlich hängt das immer auch von der Verknüpfung ab. Betrachten wir zum Beispiel die kombinierte Aussage „Es regnet ODER die Straße ist nass", so genügt für deren Richtigkeit, dass es entweder regnet oder aber die Straße nass ist (oder beides gleichzeitig stimmt). Hier gilt dann stets: Die kombinierte Aussage „A ODER B" ist wahr, wenn A oder B oder beide zusammen wahr sind, sind dagegen die Aussagen A und B beide falsch, dann ist auch die Aussage „A ODER B" immer falsch.

Operatoren. Wir haben gesehen, wie wir die Wahrheit oder Falschheit einer Aussage A durch einen Wahrheitswert (wahr/falsch) ausdrücken und wie wir zwei Aussagen A bzw. B durch eine Verknüpfung zu einer neuen, größeren Aussage kombinieren können, die ihrerseits wiederum einen Wahrheitswert besitzt. So etwas Ähnliches kennen wir aber schon aus der Arithmetik: Auch dort nehmen wir zwei Zahlen a und b und verknüpfen sie z. B. mittels „+" oder „·" zu einer neuen Zahl. In

Tab. 2 Wahrheitswerttabelle für Boolesche Operatoren

BOOLESCHE GRUNDOPERATOREN						XOR	NOR
A	B	¬A	¬B	A ∧ B	A ∨ B	A ⊕ B	¬(A ∨ B)
0	0	1	1	0	0	0	1
0	1	1	0	0	1	1	0
1	0	0	1	0	1	1	0
1	1	0	0	1	1	0	0

beiden Fällen können wir die Wirkung einer Verknüpfung am einfachsten mithilfe von Tabellen darstellen, indem wir für alle möglichen Kombinationen der Zahlen a und b (siehe Tab. 1) bzw. der Wahrheitswerte von A und B (siehe Tab. 2) das Ergebnis der Verknüpfung aufschreiben. Achtung: Um solche *Wahrheitswerttabellen* übersichtlicher zu machen, werden wir von jetzt an Wahrheitswerte mithilfe der Ziffern 0 und 1 ausdrücken, also: „wahr" = 1, „falsch" = 0; außerdem verwenden wir als *Operatoren* zur Verknüpfung von Aussagen die Zeichen „∧" für „UND", „∨" für „ODER" und „¬" für „NICHT".

„∧" (*AND*) und „∨" (*OR*) kennen wir dabei ja schon, und der Operator „¬" (*NOT*) macht aus einer Aussage A einfach das Gegenteil („es regnet NICHT"), d. h. der Wahrheitswert von ¬A ist das Gegenteil des Wahrheitswertes von A (aus „wahr" wird „falsch", aus „falsch" wird „wahr"). Später werden dann noch zwei weitere Operatoren wichtig, die wir der Einfachheit halber gleich hier mit einführen: das *EXCLUSIVE OR (XOR)*, in Zeichen A ⊕ B, für das gilt: A ⊕ B ist genau dann wahr, wenn <u>entweder</u> A wahr ist <u>oder</u> B wahr ist, und das *NOR*, in Zeichen ¬(A∨B), das die Invertierung des OR-Operators „∨" (also NOT OR) darstellt.

Rechengesetze. Bis jetzt haben wir uns damit beschäftigt, was mit den Wahrheitswerten passiert, wenn man zwei Aussagen A bzw. B miteinander verknüpft. Dies legt die Frage nahe: Geht das auch mit mehr als zwei? Die Antwort ist ja, und zwar völlig analog zu der Art und Weise, wie wir in der Arithmetik drei und mehr Zahlen miteinander verknüpfen. Hierzu gibt es dort bestimmte Rechengesetze, die so oder so ähnlich auch hier gelten, nur dass wir statt der arithmetischen Operatoren „+" bzw. „·" die logischen Operatoren „∨" bzw. „∧" und statt des Minuszeichens die Verneinung „¬" verwenden. Darüber hinaus gibt es in der Booleschen Algebra aber noch einige weitere Gesetze, deshalb stellen wir hier alle wichtigen einmal zusammen:

- *Kommutativgesetz*: $A \wedge B = B \wedge A$ bzw. $A \vee B = B \vee A$
- *Assoziativgesetz*: $(A \wedge B) \wedge C = A \wedge (B \wedge C)$ bzw. $(A \vee B) \vee C = A \vee (B \vee C)$
- *Distributivgesetz*: $A \wedge (B \vee C) = (A \wedge B) \vee (A \wedge C)$ bzw. $A \vee (B \wedge C) = (A \vee B) \wedge (A \vee C)$
- *Involutionsgesetz*: $\neg(\neg A) = A$ (doppelte Verneinung = Bejahung)
- *Komplementärgesetz*: $A \wedge \neg A = 0$ (eine Aussage UND ihr Gegenteil sind nie beide wahr) bzw. $A \vee \neg A = 1$ (eine Aussage ODER ihr Gegenteil ist wahr)
- *Idempotenzgesetz*: $A \wedge A = A$ bzw. $A \vee A = A$ (selbsterklärend)
- *Auslöschungsgesetz*: $A \wedge 1 = A$ („Aussage A UND eine wahre Aussage" hat denselben Wahrheitswert wie die Aussage A allein) bzw. $A \vee 0 = A$ („Aussage A ODER eine falsche Aussage" hat denselben Wahrheitswert wie A)
- *De Morgansche Regeln*: $\neg(A \wedge B) = \neg A \vee \neg B$ bzw. $\neg(A \vee B) = \neg A \wedge \neg B$ (um die Verknüpfung zweier Aussagen zu invertieren, invertieren wir die einzelnen Aussagen und „kippen" die Verknüpfung dazwischen)

Sorry, wenn das jetzt etwas trocken war, aber vielleicht haben Sie doch das eine oder andere Gesetz wiedererkannt: Fast allen nämlich sind wir in ähnlicher Form schon in der Schule für das Addieren und Multiplizieren begegnet (das Kommutativgesetz besagt dort z. B. nichts anderes als $2 + 3 = 3 + 2$ usw.). Nur die De Morganschen Regeln tanzen etwas aus der Reihe, daher veranschaulichen wir sie in Abb. 2 mithilfe von Mengendiagrammen. Hierbei verstehen wir A und B als Mengen und „$\wedge$" als deren Schnittmenge ($A \cap B$), „$\vee$" als Vereinigungsmenge ($A \cup B$) und „$\neg$" als Komplementärmenge ($\overline{A} = \neg A$). In ähnlicher Weise kann man natürlich auch alle anderen Gesetze mit Mengendiagrammen illustrieren.

Boolesche Funktionen. Mithilfe dieser Gesetze kann man nun auch kompliziertere *Boolesche Funktionen* auswerten. Betrachten wir als Beispiel den Booleschen Term $T(A,B,C) = A \wedge B \wedge C$ und nehmen an, A und B seien wahr ($= 1$) und C falsch ($= 0$).

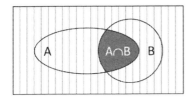 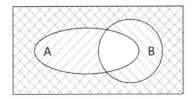

Abb. 2 De Morgansche Regel $\neg(A \wedge B) = \neg A \vee \neg B$ als Mengendiagramm: $\neg(A \cap B)$ (links, schraffiert) $= \neg A \cup \neg B$ (rechts, schraffiert)

Dann werten wir mithilfe des Assoziativgesetzes zunächst (A∧B) aus, was in diesem
Fall wahr ist (1∧1 = 1), erhalten damit 1∧C, was gleich C∧1 (Kommutativgesetz)
und damit gleich C (Auslöschungsgesetz), also falsch (= 0) ist, und es ergibt sich
insgesamt: T(1,1,0) = (1∧1)∧0 = 1∧0 = 0.

Eine noch einfachere Art und Weise, beliebige solche Boolesche Funktionen
für mehr als zwei Variable darzustellen, bietet die Tabellenschreibweise, die wir in
Tab. 2 schon kennengelernt haben. Auch hierzu ein einfaches Beispiel: Nehmen wir
an, wir haben drei Eingabeparameter A, B und C, die wir als dreistellige Binärzahl
ABC lesen. Gesucht sei dann eine Boolesche Formel P(A, B, C), die uns sagt,
ob es sich bei ABC um eine Primzahl handelt. Anders ausgedrückt: Das Ergebnis
unseres „Primzahlendetektors" P soll genau dann 1 sein, wenn die Binärzahl ABC
am Eingang im Dezimalsystem entweder 2, 3, 5 oder 7 ist.

Dieses Problem lässt sich sehr einfach mithilfe von Tab. 3 beschreiben – wir
müssen dazu nur alle möglichen Kombinationen der Eingangsvariablen (es sind
insgesamt acht) und zu jeder davon das Ergebnis (Ausgabe) aufschreiben.

Disjunktive Normalform. Jetzt wird es interessant: Können wir diesen „Primzahlendetektor" auch als Boolesche Funktion darstellen, bei dem die Eingangsvariablen
A, B und C mit Operatoren wie „¬", „∨" bzw. „∧" verknüpft sind? Die überra-
schende Antwort: Ja, das geht, und zwar immer, also tatsächlich für jede beliebige
solche Tabelle! Hierzu verwenden wir die Methode der *Disjunktiven Normalform*
(DNF), und das geht so: Zunächst nehmen wir uns in Tab. 3 diejenigen Zeilen vor,
für die die Ausgabe „1" lautet (mit „*" markiert). Für jede dieser Zeilen schreiben
wir dann eine Boolesche Verknüpfung mit den drei Eingangsvariablen A, B und C
auf, die genau für die Belegung der Variablen in dieser Zeile eine „1" ergibt. Um

Tab. 3 Primzahlendetektor als Beispiel für eine Disjunktive Normalform

Dezimal	Binär	A	B	C	Primzahl?	AUSGABE		VOLLKONJUNKTION
0	000	0	0	0	NEIN	0		
1	001	0	0	1	NEIN	0		
2	010	0	1	0	JA	1	*	(¬A ∧ B ∧ ¬C)
3	011	0	1	1	JA	1	*	(¬A ∧ B ∧ C)
4	100	1	0	0	NEIN	0		
5	101	1	0	1	JA	1	*	(A ∧ ¬B ∧ C)
6	110	1	1	0	NEIN	0		
7	111	1	1	1	JA	1	*	(A ∧ B ∧ C)

das zu erreichen, müssen wir lediglich alle drei Parameter mit „∧" verknüpfen (das nennt man eine *Vollkonjunktion*) und dann noch vor die Variablen, die in dieser Zeile mit „0" belegt sind, ein „¬" hinzufügen. Betrachten wir z. B. die letzte Zeile von Tab. 3: Hier sind alle drei Variablen A, B, C mit „1" belegt, deswegen werden sie nach dieser Methode mit „∧"-Operatoren zu (A ∧ B ∧ C) verknüpft. Machen wir die Probe und setzen für A, B und C jeweils 1 ein, so erhalten wir (1∧1∧1), also 1 als Ausgabe – passt.

Zwei Zeilen höher stellt sich die Situation etwas anders dar: Da der Eingang B nun mit 0 belegt ist, steht in der zugehörigen Vollkonjunktion an dieser Stelle ein „¬B", und es ergibt sich insgesamt (A ∧ ¬B ∧ C). Wieder sehen wir sofort, dass dieser Ausdruck für die Belegung A = 1, B = 0, C = 1 als Ergebnis wie gewünscht 1 liefert. In ähnlicher Weise gehen wir dann noch bei den restlichen beiden Zeilen vor, die mit „*" markiert sind, und erhalten die in Tab. 3 ganz rechts angegebenen Vollkonjunktionen. Zum Schluss müssen wir dann noch diese insgesamt vier Vollkonjunktionen jeweils mit einer Disjunktion, also einem „∨", verknüpfen, und erhalten so insgesamt

$$P(A, B, C) = (\neg A \wedge B \wedge \neg C) \vee (\neg A \wedge B \wedge C) \vee (A \wedge \neg B \wedge C) \vee (A \wedge B \wedge C).$$

Grundoperatoren. Setzen wir als Probe für A, B und C die Werte aus einer der markierten Zeilen ein, so liefert diese Formel eine 1, in allen anderen Fällen eine 0. Auf diese Weise lässt sich also aus einer beliebigen Wahrheitswerttabelle ein Boolescher Term gewinnen, der – und das ist entscheidend – nur die Operatoren AND, OR und NOT enthält. Anders ausgedrückt: Wenn wir diese drei *Grundoperatoren* im Griff haben, dann können wir damit jede beliebige logische Operation ausdrücken, und sei sie noch so kompliziert.

Vereinfachung. Um mit den Rechengesetzen der Booleschen Algebra noch etwas vertrauter zu werden (und weil wir das Resultat später brauchen, vgl. S. 28), wollen wir obige Formel für P(A, B, C) noch etwas vereinfachen. Hierzu klammern wir mithilfe des Distributivgesetzes aus den ersten beiden Klammern (¬A∧B) aus und ebenso (A ∧ C) aus den letzten beiden Klammern:

$$P(A, B, C) = (\underline{\neg A \wedge B} \wedge \neg C) \vee (\underline{\neg A \wedge B} \wedge C) \vee (\underline{\underline{A \wedge C}} \wedge \neg B) \vee (\underline{\underline{A \wedge C}} \wedge B)$$
$$= [(\underline{\neg A \wedge B}) \wedge (\neg C \vee C)] \vee [(\underline{\underline{A \wedge C}}) \wedge (\neg B \vee B)],$$

wobei wir zur Verdeutlichung die ausgeklammerten Terme einfach bzw. doppelt unterstrichen haben. Nun nutzen wir aus, dass ¬B∨B = 1 und ¬C∨C = 1 gilt

(Komplementärgesetz), und erhalten mit dem Auslöschungsgesetz

$$P(A, B, C) = [(\neg A \wedge B) \wedge 1] \vee [(A \wedge C) \wedge 1] = (\neg A \wedge B) \vee (A \wedge C).$$

Wie immer empfiehlt es sich, auch dieses Ergebnis nochmals nachzurechnen und dann mithilfe von Tab. 3 zu überprüfen, ob die verschiedenen Belegungen von A, B und C auch für die kurze Formel immer noch genau die Ergebnisse liefern, die in der Wahrheitswerttabelle vorgegeben sind – man weiß ja nie …

Zusammenfassung. Sowohl in der Arithmetik als auch in der Booleschen Algebra geht es also letztlich darum, eine oder mehrere Eingangsvariable mit Hilfe bestimmter Operatoren so miteinander zu verknüpfen, dass wir als Ergebnis der Verknüpfung wiederum eine Zahl bzw. einen Wahrheitswert erhalten. Was dabei genau herauskommt, hängt einerseits von der Art der Verknüpfung ab (eine UND-Verknüpfung verhält sich anders als eine ODER-Verknüpfung, „+" ergibt andere Ergebnisse als „·"), andererseits aber natürlich auch von der konkreten Belegung der Eingangsvariablen.

Halbleiterphysik: In der Hexenküche des Transistors

Nachdem wir uns bisher damit beschäftigt haben, <u>was</u> wir mit einem Computer berechnen möchten, kommen wir jetzt zum <u>Wie</u>, und machen dazu einen Abstecher in die Physik. Hierbei stellt sich als allererste Frage, wie sich denn diskrete Zahlen mittels physikalischer Erscheinungen überhaupt darstellen lassen. Das geht grundsätzlich auf verschiedene Art und Weise: Pascal und Leibniz nutzten dafür beispielsweise Zahnräder, heute bedienen wir uns meist elektrischer Phänomene. Dabei kommt uns sehr zugute, dass wir im Binärsystem nur zwei Zustände („0" und „1") unterscheiden müssen. Allerdings trifft die weitverbreitete Vorstellung „Strom ein = 1, Strom aus = 0" nicht zu, da fließender Strom in einem Rechner viel zu viel Wärme produziert. Stattdessen verwendet man dazu so gut wie immer die elektrische Spannung, d. h. die Potentialdifferenz in einem *elektrischen Feld*.

Feld und Potential. Um das genauer zu verstehen, sehen wir uns zunächst einen analogen Fall an: die Schwerkraft. Wir alle wissen, dass sich massereiche Körper gegenseitig anziehen, also eine Kraft aufeinander ausüben. Nehmen wir zum

Beispiel unsere Erde, dann können wir die Kraft, die diese auf einen kleinen Probe-
körper (z. B. einen Apfel) ausübt, an jeder Stelle des Raumes messen, und erhalten
als Ergebnis jeweils die Stärke des Gravitationsfeldes der Erde. Als *Potential* defi-
nieren wir dann die Fähigkeit dieses Feldes, Arbeit zu verrichten. Wenn unser Apfel
zum Beispiel auf einem Tisch liegt, dann besitzt er aufgrund der Erdanziehung
gegenüber dem Fußboden potentielle Energie (und fällt deswegen herunter, sobald
man ihn über die Tischkante schiebt).

Spannung. Beim elektrischen Feld ist dies ähnlich, nur dass das Feld von einer
elektrischen Ladung verursacht wird. Bringt man z. B. zwei gleichnamige elektrische Ladungen nahe zusammen, so stoßen sie sich ab, d. h. wir können auch hier
eine Kraft messen und daraus das von der einen Ladung erzeugte elektrische Feld
bestimmen, in dem die andere Ladung potentielle Energie besitzt. Die Potentialdifferenz zwischen zwei Orten in diesem Feld heißt *elektrische Spannung* und wird
in Volt gemessen. Wenn wir dann noch ein Nullpotential (vergleichbar dem Fußboden beim Gravitationsbeispiel) festlegen, die sog. *Masse*, können wir auf einfache
Weise „0" und „1" repräsentieren: Liegt in einer elektronischen Schaltung ein Ein-
oder Ausgang auf 0 V, so entspricht dies einer logischen „0", während eine höhere
Spannung (typischerweise 5 V = *Betriebsspannung*) eine logische „1" darstellt.
Und ganz wichtig dabei: Es fließt <u>kein Strom.</u>

Schaltung. Was benötigen wir nun, um die arithmetischen und logischen Verknüpfungen, die wir kennengelernt haben, mithilfe von Spannung physikalisch zu
realisieren? Schauen wir uns einmal den AND-Operator als Beispiel an. Offenbar
benötigen wir hierzu eine *Schaltung* mit zwei Leitungen am Eingang und einer
Leitung am Ausgang, die wie folgt funktioniert: Je nachdem, welche Potentiale
(0 V oder 5 V) an den beiden Eingängen liegen, soll der Ausgang leitend mit einem
Potential von 0 V bzw. 5 V verbunden werden. Liegt z. B. an einem Eingang 5 V
und am anderen 0 V an, dann soll der Ausgang auf 0 V gelegt werden (denn $1 \wedge 0 =$
0); liegen aber 5 V an beiden Eingängen, dann sollen auch am Ausgang 5 V liegen
(denn $1 \wedge 1 = 1$). Für andere Verknüpfungen gilt das natürlich analog.

    Solche Schaltungen kann man auf vielfältige Weise konstruieren, z. B. mit elek-
tromagnetischen Relais, die mechanische Elemente beinhalten. Durchgesetzt hat
sich allerdings eine Technologie, die auf Mechanik verzichtet und darauf beruht,
Strom mit Hilfe von Strom zu schalten: der *Transistor*.

Halbleiter. Um die Funktionsweise eines Transistors zu verstehen, müssen wir uns
zunächst kurz in der Chemie umschauen, und zwar bei den sog. *Halbleitern*. Fangen
wir dazu wieder ganz von vorne an, und zwar beim elektrischen Strom, bei dem

ja bekanntlich negativ geladene Elektronen von einem Minus- zu einem Pluspol fließen. Das geht aber nur in Leitern, also Materialien, in denen es freie Elektronen gibt, die nicht fest an Atome gebunden sind. Das wiederum hat damit zu tun, wie viele Elektronen sich auf der äußersten Schale der jeweiligen Elektronenhüllen befinden. Bei Leitern ist das oft ein einzelnes Elektron ganz weit draußen, das sich relativ einfach vom Atom ablösen lässt und dann als freies Elektron davonflitzt. Finden sich auf der äußersten Hülle dagegen z. B. acht Elektronen (wie bei den Edelgasen), dann ist das eine sehr stabile Konfiguration und ergibt gute Isolatoren.

Silizium. Halbleiter befinden sich nun irgendwo dazwischen (z. B. Silizium mit vier Außenelektronen) und leiten daher besser als ein Isolator, aber schlechter als ein Leiter. Nun bildet Silizium ein Kristallgitter, bei dem jedes Atom vier Nachbaratome hat (Abb. 3). Weil sich aber auch Siliziumatome im Grunde ihres Herzens nichts sehnsüchtiger wünschen als eine stabile Konfiguration mit acht Außenelektronen, machen sie etwas Komisches: Sie „leihen" sich von jedem ihrer vier Nachbaratome jeweils ein Außenelektron (man nennt das kovalente Bindung), was zusammen mit den vier eigenen Außenelektronen zumindest dem Anschein nach die schon erwähnte Edelgaskonfiguration ergibt. Im Ergebnis senkt das aber natürlich die Leitfähigkeit, deshalb hilft uns ein reiner Siliziumkristall nicht wirklich weiter.

Dotierung. Halbleiter werden aber interessant, wenn man sie gezielt verunreinigt (= *dotiert*). Hierzu baut man z. B. in den Siliziumkristall in großen Abständen (wir sprechen hier von einem Verhältnis von ca. 1:10 Mio.) Fremdatome mit fünf Außenelektronen ein, zum Beispiel einzelne Phosphoratome (Abb. 3 Mitte). In diesem Fall gehen vier Außenelektronen des Phosphoratoms P wie gehabt kovalente Bindungen mit den benachbarten Siliziumatomen ein, das fünfte aber bleibt übrig, fühlt sich

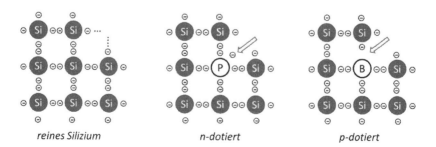

reines Silizium   *n-dotiert*   *p-dotiert*

Abb. 3 Reiner Halbleiter (links), Dotierung mit Phosphor (Mitte) samt freiem Elektron (Pfeil) bzw. Bor (rechts) mit fehlendem Elektron = „Loch" (Pfeil)

schnell einsam und wird ein freies Elektron. Diese Art der Verunreinigung nennen wir „n(egativ)-dotiert". Es geht aber auch anders herum, indem wir Fremdatome mit nur drei Außenelektronen einbauen (z. B. Bor-Atome, B). In diesem Fall entstehen dann im Kristallverbund „Löcher" als sozusagen positive Ladungsträger an den Stellen, wo jetzt ein Elektron fehlt – so etwas heißt dann „p(ositiv)-dotiert" (Abb. 3 rechts).

Diode. Bringt man nun n-dotiertes und p-dotiertes Silizium in Kontakt miteinander (Abb. 4), so ereignen sich an der Kontaktstelle, dem ***p-n-Übergang***, wundersame Dinge: Freie Elektronen der n-dotierten Seite wandern nämlich spontan hinüber in den p-dotierten Bereich, wo sie bereits sehnsüchtig von Löchern erwartet werden, die sie auffüllen, und alle sind zufrieden. So entsteht links und rechts vom Übergang ein Bereich ohne freie Ladungsträger (die sog. Sperrzone), und das heißt: Es kann kein Strom fließen! Allerdings geht das nicht beliebig lange gut, denn durch die wandernden Elektronen werden linke und rechte Hälfte unterschiedlich aufgeladen, und das resultiert in einem elektrischen Feld, das der Wanderlust der Elektronen entgegenwirkt und diese ab einer entstehenden Spannung von 0,7 V gar zum Erliegen bringt. Wenn man jetzt aber noch eine Batterie anschließt, dann wird es richtig interessant: Liegt nämlich der Minuspol der Batterie am p-dotierten Bereich und der Pluspol am n-dotierten Bereich an, dann werden die noch vorhandenen freien Elektronen bzw. Löcher weiter zu den Polen hingezogen, wodurch sich der mittlere Bereich ohne Ladungsträger verbreitert und die Sperrwirkung verstärkt. Bei umgekehrter Polung dreht sich dieser Effekt um und freie Ladungen und Löcher entern die Sperrzone, bis dort wieder Stromfluss möglich wird. Man nennt so etwas eine ***Diode*** und wir halten fest: Je nach Polung fließt durch die Diode Strom oder eben nicht.

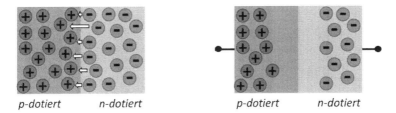

p-dotiert   *n-dotiert*   *p-dotiert*   *n-dotiert*

Abb. 4 p-n-Übergang einer Diode (rechts mit Sperrzone): in der linken Hälfte finden sich jeweils mit „+" markierte Löcher als positive Ladungsträger, in der rechten Hälfte mit „-" markierte Elektronen als negative Ladungsträger

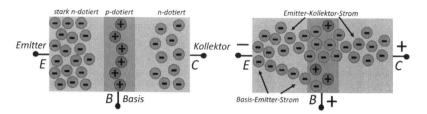

Abb. 5 Bipolartransistor (rechts nach Anlegen eines Basis-Emitter-Stroms)

Bipolartransistor. Als nächstes bringen wir links an der Diode eine weitere Siliziumschicht an (Abb. 5 links), die – das wird noch wichtig – stark n-dotiert ist, d. h. sie ist zehnmal mehr mit Phosphoratomen verunreinigt als üblich. Das Ganze sieht dann ein bisschen aus wie ein Sandwich und nennt sich *Bipolartransistor*; dieser hat zwei p-n-Übergänge und damit gleich zwei Sperrzonen ohne freie Ladungsträger. Nun der geniale Trick (Abb. 5 rechts): Wenn man zwischen der linken stark n-dotierten Seite (Emitter E) und der p-dotierten Mitte (Basis B) eine Spannung etwas größer als die 0,7 V von gerade eben anlegt, dann werden dadurch Elektronen in die linke Sperrzone gelotst; sie wird so wieder leitend, und es fließt ein kleiner Strom von E nach B. Sobald jetzt noch zusätzlich eine größere Spannung zwischen Emitter E und Kollektor C anliegt, wird auch die zweite Sperrzone von freien Elektronen aus der stark n-dotierten Seite geflutet, und wie von Zauberhand fließt Strom von E nach C. Wir können also Strom dazu verwenden, um Strom ein- und auszuschalten – das ist das Geheimnis eines Transistors.

MOSFET. Allerdings sind Bipolartransistoren etwas aus der Mode gekommen, stattdessen verwendet man heute vor allem sog. *Feldeffekttransistoren* (Metal-Oxid-Semiconductor Field Effect Transistor, *MOSFET*), welche es in zwei Varianten gibt. Wir konzentrieren uns fürs Erste auf den sog. *NMOS-Transistor*. Dieser besteht, wie in Abb. 6 skizziert, aus einem p-dotierten Halbleitersubstrat, in das oben zwei n-dotierte „Wannen" eingelassen sind, die leitende Verbindungen (*Source* und *Drain*) zur Außenwelt besitzen. An der Oberseite besitzt der NMOS-Transistor eine Isolierschicht, welche das *Gate* (als dritten Eingang) nach unten und zur Seite hin isoliert. Ein weiterer Eingang (Bulk) liegt unten direkt am Halbleitersubstrat an und ist in der Regel mit der Source leitend verbunden.

NMOS. Im Normalzustand liegen beim NMOS-Transistor nun Gate, Source und Bulk auf 0 V, und zwischen Source und Drain gibt es keine freien Elektronen und

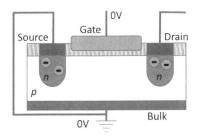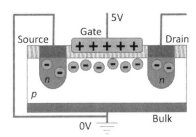

Abb. 6 Aufbau und Funktionsweise eines NMOS-Feldeffekttransistors

mithin keine leitende Verbindung. Das ändert sich, sobald man das Potential des Gates auf 5 V erhöht. Dann nämlich entsteht ein elektrisches Feld, das negativ geladene Elektronen aus dem p-dotierten Halbleitersubstrat mit Gewalt nach oben zieht. Dort versammeln sie sich entlang der Isolierschicht, und es entsteht ein leitender Kanal aus negativen Ladungsträgern (n-leitender Kanal) zwischen den beiden n-dotierten Wannen, in denen es ja sowieso freie Elektronen gibt (Abb. 6 rechts). Die leitende Verbindung ermöglicht einen etwaigen Spannungsausgleich zwischen Source und Drain, danach liegt auch der Drain auf 0 V. Sobald man das Gate entlädt, indem man sein Potential auf 0 V legt, bricht dieser Kanal wieder zusammen, und damit auch die leitende Verbindung zwischen Source und Drain. Soweit die (etwas vereinfachte) Funktionsweise eines NMOS-Transistors. Wir merken uns vor allem: Hohes Potential am NMOS-Gate leitet niedriges Potential von Source nach Drain.

PMOS. Das gleiche Funktionsprinzip lässt sich natürlich auch realisieren, wenn wir statt eines p-dotierten Substrats ein n-dotiertes hernehmen, in das seinerseits zwei p-dotierte Wannen eingelassen sind. In diesem Fall dreht sich einfach alles um: Source und Bulk liegen auf Betriebsspannung (5 V), und wenn wir das Gate auf 0 V legen, entsteht zwischen den Wannen ein p-leitender Kanal aus positiven Ladungsträgern, also Löchern. Das Ergebnis ist ein *PMOS-Transistor*, für den also gilt: Niedriges Potential am PMOS-Gate leitet hohes Potential von Source nach Drain.

Taktung. Bei alledem müssen wir übrigens im Auge behalten, dass wir stets von physikalischen Vorgängen sprechen, und das heißt: Übergänge zwischen Potentialen verlaufen kontinuierlich. Wenn sich also an einer Stelle einer Schaltung die anliegende Spannung von 0 auf 5 V (oder umgekehrt) ändert, so geschieht das nicht abrupt, sondern dauert eine gewisse Zeit, während der sich die Schaltung in einer

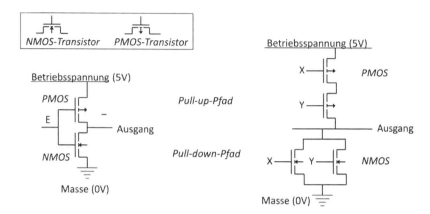

Abb. 7 Zwei einfache CMOS-Schaltungen: Inverter (links) und NOR-Gatter (Mitte)

Übergangsphase befindet, bevor sie dann wieder einen stabilen Zustand einnimmt. Deshalb müssen wir eine Schaltung *takten*. Hierzu gibt es spezielle Komponenten, die wie ein Metronom periodisch zwischen hoher und tiefer Spannung hin- und herpendeln. Während der einen Takthälfte können sich dabei Potentiale ändern, während der anderen Hälfte bleiben sie stabil und können abgelesen werden.

Zusammenfassung. Um 0 und 1 physikalisch zu repräsentieren, verwenden wir elektrische Spannung. Zudem benötigen wir eine Möglichkeit, Schaltungsausgänge gezielt auf 0 V bzw. 5 V zu legen. Hierzu verwenden wir Feldeffekttransistoren (MOSFET), von denen zwei unterschiedliche Typen existieren: Ein NMOS-Transistor leitet 0 V durch, wenn sein Gate auf 5 V liegt, ein PMOS-Transistor leitet 5 V durch, wenn sein Gate auf 0 V liegt. Ab jetzt ist nur noch diese Funktionalität wichtig, und wir können vom genauen technischen Ablauf abstrahieren. Daher repräsentieren wir Transistoren ab jetzt durch vereinfachte *Schaltsymbole* mit den drei Eingänge Source, Drain und Gate, wie sie in der Legende links oben in Abb. 7 abgebildet sind.

CMOS-Technologie: Des Pudels Kern

Wie können wir nun NMOS- und PMOS-Transistoren verwenden, um damit elektronische Schaltungen aufzubauen? Konkret gefragt: Wie muss eine elektronische

Schaltung (= Gatter) aussehen, die einen oder mehrere Eingänge und einen Ausgang besitzt und die je nach gewünschter Funktionalität und aktueller Belegung der Eingänge den Ausgang leitend mit dem Potential 0 V (Masse) bzw. 5 V (Betriebsspannung) verbindet?

CMOS. Aus dem, was wir bereits wissen, ergibt sich zwangsläufig, dass eine solche Schaltung in zwei Teile zerfällt (Abb. 7): Die untere Hälfte ist für eine Verbindung des Ausgangs mit der Masse (0 V) zuständig und verwendet NMOS-Transistoren, weil nur diese 0 V durchleiten können (wir nennen diesen Teil *Pull-down-Pfad*), die obere Hälfte ermöglicht entsprechend die Verbindung mit der Betriebsspannung (5 V) und besteht aus PMOS-Transistoren (*Pull-up-Pfad*). Ein solcher Aufbau ist unter der Bezeichnung *CMOS-Technologie* bekannt (CMOS steht dabei für „Complementary MOS").

Inverter. Sehen wir uns hierzu das einfache Beispiel von Abb. 7 links an, bei dem wir einen NMOS-Transistor (unten) mit einem PMOS-Transistor (oben) kombinieren, wobei die beiden Gates der Transistoren miteinander leitend verbunden sind. Die resultierende Schaltung hat nur einen Eingang E (links), und wir können uns überlegen, was passiert, wenn E auf 0 V bzw. 5 V Potential gelegt wird. Liegt E auf 5 V, so bedeutet das, dass der NMOS-Transistor leitend wird und die 0 V von der Masse zum Ausgang durchleitet, während der PMOS-Transistor sperrt. Wenn also am Eingang unserer Schaltung 5 V anliegen, dann beträgt die Spannung am Ausgang (rechts) 0 V. Was aber passiert, wenn bei derselben Schaltung am Eingang 0 V anliegen? Nun ja, in diesem Fall sperrt der NMOS-Transistor, aber der PMOS-Transistor wird leitend, sodass im Endergebnis der Ausgang auf 5 V Spannung liegt. Beides zusammen bedeutet also: 0 V am Eingang ergeben 5 V am Ausgang, und 5 V am Eingang ergeben 0 V am Ausgang – die Schaltung ist nichts anderes als ein *Inverter* (NOT-Gatter), der aus einer logischen 0 eine logische 1 macht und aus einer logischen 1 eine logische 0; dies entspricht dem Booleschen Operator „¬".

NOR-Gatter. Betrachten wir als nächstes ein einfaches Beispiel für eine Schaltung mit zwei Eingängen X und Y (Abb. 7 rechts). Wir erkennen im Pull-down-Pfad zwei parallele NMOS-Transistoren, während der Pull-up-Pfad aus zwei seriellen PMOS-Transistoren besteht. Ähnlich wie eben beim Inverter können wir die Funktionalität dieser Schaltung analysieren, indem wir alle möglichen Belegungen der Eingänge durchgehen. Beginnen wir damit, dass sowohl X als auch Y beide auf 5 V liegen. Wir sehen sofort, dass in diesem Fall die beiden PMOS-Transistoren sperren, die beiden NMOS-Transistoren aber leitend werden und so eine Verbindung von der Masse zum Ausgang legen, wo somit 0 V anliegen. Auch wenn nur einer der beiden

Eingänge X und Y auf 5 V liegt, ist eine solche leitende Verbindung von der Masse zum Ausgang möglich, da zumindest einer der NMOS-Transistoren leitend wird und 0 V auf den Ausgang der Schaltung legt. Einzig im Fall, dass X und Y beide auf 0 V liegen, kommt diese leitende Verbindung mit der Masse nicht zustande, andererseits werden genau dann beide PMOS-Transistoren im Pull-up-Pfad leitend und verbinden den Ausgang daher mit 5 V. Insgesamt bedeutet dies: Sind X und Y beide eine logische 0, so ergibt sich eine logische 1, in allen anderen Fällen resultiert eine logische 0 – es handelt sich also um eine NOR-Schaltung, oder als Boolescher Term: $\neg(X \vee Y)$, wie wir ihn in Tab. 2 (siehe S. 12) schon eingeführt hatten.

Zusammenfassung. Wir können also mithilfe von Halbleitertechnologie ein NOR-Gatter bauen. Auf den ersten Blick klingt das noch nicht wirklich spektakulär, wir werden aber sogleich sehen, dass uns damit der entscheidende Schritt gelungen ist, um jeden beliebigen logischen Term wie auch jede beliebige arithmetische Rechnung in Halbleitertechnologie realisieren zu können. Natürlich kann man sich fragen, wie effizient es denn ist, Computer nur mit NOR-Gattern zu bauen, aber darum geht es uns ja gar nicht: Wir wollen nur verstehen, dass und wie der Bau eines elektronischen Digitalrechners grundsätzlich überhaupt möglich ist – die Einzelheiten (Abb. 8) überlassen wir dann gerne den Ingenieuren. Davon abgesehen gibt es aber mindestens einen berühmten Fall, in dem ein Rechner tatsächlich nur aus NOR-Gattern bestand: Es handelt sich um den Apollo Guidance Computer, der 1969 Neil Armstrong & Co. zum Mond und wieder heil zurück brachte – nicht unbedingt die schlechteste Visitenkarte …

Abb. 8 74181 – die erste auf einem Chip integrierte 4-Bit-ALU (mit sage und schreibe 75 Gattern!!) aus dem Jahre 1970

Vom Gatter zum Prozessor

Addierer, ALU & Co.: Lego für Fortgeschrittene

In unserer Geschichte stehen wir nun an einem entscheidenden Wendepunkt. Bislang haben wir uns vor allem darüber Gedanken gemacht, was wir für die Realisierung eines Computers denn im Minimalfall brauchen, und sind auf diese Weise bis zur NOR-Schaltung vorgedrungen. Ab sofort drehen wir den Spieß um und werden jetzt Stück für Stück aus CMOS-Schaltungen einen Rechner bauen. Hierzu verwenden wir einen sog. Black Box-Ansatz, das heißt: Sobald wir wissen, dass wir eine einfache Schaltung (= *Gatter*) mit CMOS-Technologie bauen können, abstrahieren wir von allen konkreten technischen Details und betrachten das Gatter als modularen Baustein mit einer gewissen Funktionalität. Deshalb zeichnen wir jetzt die Grundgatter nicht mehr als CMOS-Schaltungen, sondern als Kästchen mit Ein- und Ausgängen, und damit wir nicht vergessen, was die Verknüpfung der Eingänge am Ausgang ergibt, schreiben wir noch auf das Kästchen drauf, was es jeweils tut (Abb. 1).

Gattersymbole. Die Beschriftung der Kästchen ist wie folgt standardisiert: AND erhält ein „&" (das „kaufmännische Und"), OR ein „≥ 1" (zur Erinnerung daran, dass mindestens ein Eingang 1 sein muss, damit der Ausgang 1 ist) und NOT kennzeichnen wir durch einen kleinen Kringel am Ausgang des Kästchens. Außerdem führen wir noch zwei weitere *Gattersymbole* ein: Das NOR-Gatter ist ein OR-Gatter mit anschließendem Kringel (also NOT OR), und auch das XOR-Gatter ist dem für OR sehr ähnlich, wir beschriften es aber mit „$=1$", um daran zu erinnern, dass genau ein Eingang 1 sein muss, damit der Ausgang 1 wird (vgl. Seite 12 Tab. 2).

P. Reichl, *Eine kurze Geschichte der Technischen Informatik*, essentials, https://doi.org/10.1007/978-3-658-41183-1_4

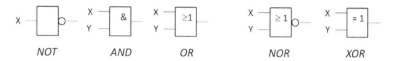

Abb. 1 Gattersymbole

Logische Vollständigkeit. Zunächst müssen wir uns jetzt aber dringend überlegen, warum wir lediglich mit NOR-Gattern alle Grundoperatoren der Booleschen Algebra realisieren können (wir nennen diese Eigenschaft *logische Vollständigkeit*). Beginnen wir also mit dem NOT-Gatter und erinnern uns zunächst an das Idempotenzgesetz der Booleschen Algebra: $X \lor X = X$. Um X zu invertieren, müssen wir also <u>beide</u> Eingänge eines NOR-Gatters gleichzeitig mit X belegen (Abb. 2 links). Wir erhalten $\neg(X \lor X) = \neg X$, und das so verdrahtete NOR-Gatter entpuppt sich tatsächlich als Inverter.

Wie steht es um die beiden übrigen Grundoperatoren AND und OR? Nun ja, wir wissen natürlich, dass ein NOR-Gatter per Definition genau das Gegenteil eines OR-Gatters ist, daher genügt es, das Ergebnis einer NOR-Verknüpfung zu invertieren, um eine OR-Verknüpfung zu erhalten. Invertieren können wir aber schon; wir fügen also am Ausgang eines NOR-Gatters einfach den Inverter von Abb. 2 links an, um das gewünschte Ergebnis OR zu erhalten (Abb. 2 Mitte). Beim AND-Gatter liegt der Fall etwas komplizierter: Hier müssen wir uns zunächst an die De Morganschen Regeln erinnern (vgl. Seite 13) und erhalten mit ihrer Hilfe $X \land Y = \neg(\neg X \lor \neg Y)$, also die NOR-Verknüpfung von $\neg X$ und $\neg Y$. Daher brauchen wir für die Realisierung von $X \land Y$ je einen Inverter für X und Y, die anschließend durch ein NOR-Gatter verknüpft werden, siehe Abb. 2 rechts.

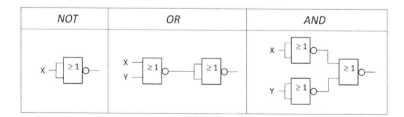

Abb. 2 Logische Vollständigkeit des NOR-Gatters

Zwischenfazit. Mit Hilfe lediglich von NOR-Gattern lassen sich also die drei Grundoperatoren der Booleschen Algebra realisieren – das NOR-Gatter ist logisch vollständig (Achtung: Dasselbe gilt auch für das *NAND-Gatter* (= NOT AND), also ¬(X∧Y), wie man sich leicht überlegen kann!). Dies aber hat weitreichende Konsequenzen, denn wir wissen ja bereits von früher, dass sich über den Weg der Disjunktiven Normalform (DNF) jeder beliebige logische Term mit den drei Grundoperatoren „¬", „∨" bzw. „∧" darstellen lässt. Nachdem wir aber gerade eben gezeigt haben, dass die zugehörigen Gatter nur mit NOR-Gattern gebaut werden können, haben wir auf einen Schlag die gesamte Boolesche Algebra im Griff.

Doch damit nicht genug: Weiter oben hatten wir ja bereits gesehen, wie wir jede beliebige diskrete Zahl mithilfe des Binärsystems darstellen können, wie wir zweitens jede Grundrechenart auf die Addition von Binärzahlen zurückführen können, und wie sich drittens die Addition längerer Binärzahlen zusammensetzt aus jeweils den Additionen der einzelnen Stellen samt allfälliger Überträge. Die Addition einstelliger Binärzahlen haben wir dabei in Tab. 1 (siehe Seite 8) in Tabellenform dargestellt. Jetzt kommt der nächste Clou: Diese Tabelle können wir auch als Wahrheitswerttabelle im Sinne der Booleschen Algebra lesen! Dann ergibt sich nämlich das Übertragsbit in Tab. 1 ganz einfach als Verknüpfung der beiden Eingangsvariablen a und b durch den AND-Operator, während das Summenbit der XOR-Verknüpfung von a und b entspricht. Wir können also die Addition zweier einstelliger Binärzahlen auf zwei logische Verknüpfungen zurückführen, oder radikaler ausgedrückt: Sobald wir mit Hilfe elektronischer Schaltungen Boolesche Algebra betreiben können, beherrschen wir auch die komplette Arithmetik. So erweist sich das NOR-Gatter als der konzeptuelle Kern des digitalen Rechners, oder, wie wir mit Goethe am Ende der Einleitung formuliert hatten, als das, „was die (Rechner-)Welt im Innersten zusammenhält".

Gatterschaltung. Wie sich mit den Schaltsymbolen aus Abb. 1 größere Schaltungen entwerfen lassen, wollen wir jetzt an ein paar einfachen Beispielen ausprobieren. Betrachten wir dazu noch einmal die XOR-Verknüpfung „⊕", die ja so definiert war, dass ihr Ausgang dann und nur dann 1 ist, wenn genau einer der beiden Eingänge 1 ist (also „ENTWEDER X ODER Y"). Wenn wir das als Wahrheitswerttabelle aufschreiben, besitzt diese genau zwei Zeilen mit einer 1 als Ergebnis, siehe Seite 12 Tab. 2. Für die DNF (vgl. Seite 14 f.) müssen wir dann für jede dieser beiden Zeilen die zugehörige Vollkonjunktion aufschreiben und erhalten $X \oplus Y = (X \wedge \neg Y) \vee (\neg X \wedge Y)$. Diese Formel lässt sich dann direkt in eine *Gatterschaltung* mit AND-, OR- und NOT-Gattern übersetzen (Abb. 3 links). Achtung: Solche Schaltungen werden üblicherweise von links nach rechts gelesen, wobei jeweils der Ausgang eines Gatters in geeigneter Weise mit dem Eingang eines nachfolgenden Gatters verbunden ist;

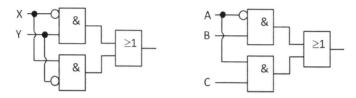

Abb. 3 Beispiele für einfache Gatterschaltungen: XOR (links) und Primzahlendetektor (rechts)

außerdem steht ein schwarzer Punkt für eine leitende Verbindung (als eine Art „Lötstelle" zwischen zwei Leitungen – fehlt dieser Punkt, so nehmen wir an, dass sich die Leitungen einfach kreuzen).

An diesem Beispiel sehen wir bereits, dass zwischen einem Booleschen Term wie $X \oplus Y$ und der zugehörigen Gatterschaltung eine 1:1-Korrespondenz besteht: Jede in der Formel (DNF) vorkommende Verknüpfung entspricht einem Grundgatter der Schaltung, während die Abfolge der Gatter der durch die Klammern festgelegten Prioritätenfolge in der Booleschen Formel folgt. Damit sind wir aber einen entscheidenden Schritt weitergekommen, denn wir haben ja bereits gesehen, wie wir ein Problem mit Hilfe einer Wahrheitstabelle formal ausdrücken können, um dann im nächsten Schritt über die DNF einen Booleschen Term zu gewinnen, den wir jetzt also (nach allfälliger Vereinfachung) mithilfe der Grundgatter als Schaltung realisieren.

Vom Problem zur Schaltung. Als zweites Beispiel kommen wir auf den Primzahlendetektor aus Tab. 3 zurück, vgl. Seite 14. Wir sind dort von einer Problembeschreibung ausgegangen, haben diese in eine Wahrheitswerttabelle destilliert und daraus die DNF abgeleitet, bevor wir die so gewonnene Formel noch mit Hilfe diverser Rechengesetze der Booleschen Algebra vereinfachen konnten (siehe Seite 15-16). Als Resultat erhielten wir $P(A, B, C) = (\neg A \wedge B) \vee (A \wedge C)$, und jetzt wollen wir diesen Term als Gatterschaltung mit drei Eingängen A, B und C bauen. Hierzu müssen wir zunächst die beiden Klammerausdrücke mithilfe von AND-Gattern realisieren. Beim ersten AND-Gatter muss dabei A erst invertiert werden, bevor wir es an den einen Eingang anlegen, während B direkt an den anderen Eingang kommt. Beim zweiten AND-Gatter liegen A und C jeweils direkt an den Eingängen an. Schließlich verknüpfen wir die Ausgänge dieser beiden AND-Gatter noch mittels eines OR-Gatters und erhalten an dessen Ausgang das gesuchte Ergebnis. Damit entspricht also die in Abb. 3 rechts dargestellte Gatterschaltung genau der gesuchten

Booleschen Formel, und schon ist der Primzahlendetektor fertig. Besonders interessant dabei ist, dass sich die zwei Gatter in Abb. 3 vom Aufbau her ausgesprochen ähnlich sehen, aber doch aufgrund der unterschiedlichen Verdrahtung der Eingänge völlig verschiedene Probleme lösen.

Halbaddierer. In ähnlicher Weise werden wir jetzt also aus einfachen Gattern nach und nach immer komplexere Gatterschaltungen zusammenbasteln. Dabei leistet unser Black Box-Ansatz ausgesprochen nützliche Dienste. Dies zeigt sich bereits bei der Addition zweier Binärzahlen, wenn wir hierzu ganz einfach alle Schritte, die wir normalerweise mit Bleistift und Papier machen (vgl. Seite 7 f.), in entsprechende Schaltungen übersetzen. Wir beginnen dabei mit dem sog. *Halbaddierer*, einer Schaltung, die zwei einstellige Binärzahlen zusammenzählt. Ein Halbaddierer hat gemäß der Additionstabelle in Tab. 1 (vgl. Seite 8) zwei Eingänge x und y (die beiden Bits, die addiert werden sollen) und zwei Ausgänge: das Summenbit s, das sich als XOR-Verknüpfung der beiden Eingänge ergibt, und das ausgehende Übertragsbit c_{out} als AND-Verknüpfung der Eingänge. Die gesuchte Schaltung besteht also aus einem XOR-Gatter und einem AND-Gatter und sieht aus wie in Abb. 4 links.

Volladdierer. Jetzt gehen wir den nächsten Schritt an: Wie kann man bei der Addition zweier einstelliger Binärzahlen einen möglichen eingehenden Übertrag c_{in} berücksichtigen, der von der vorherigen Stelle stammt? Wir tun dies in zwei Schritten: Zunächst addieren wir x und y mit einem Halbaddierer, und dann addieren wir zu diesem Zwischenergebnis noch c_{in} dazu. Dafür brauchen wir einen zweiten Halbaddierer (in Abb. 4 rechts grau hinterlegt), an dessen Eingängen das Summenbit des ersten Halbaddierers und c_{in} anliegen.

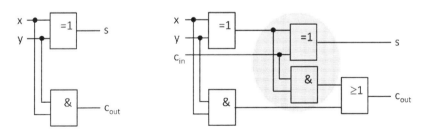

Abb. 4 Halbaddierer (links) und Volladdierer (rechts)

Dabei ergibt sich das Summenbit s der Gesamtschaltung ganz einfach als Summenbit des zweiten Halbaddierers (also am Ausgang des XOR-Gatters oben rechts) – null problemo. Beim ausgehenden Übertrag c_{out} liegt der Fall etwas subtiler, denn er kann auf zwei Arten zustande kommen: Entweder entsteht der Übertrag schon im ersten Halbaddierer, weil x und y beide 1 sind, oder aber im zweiten Halbaddierer, wenn c_{in} zum Ergebnis des ersten Halbaddierers dazugezählt wird. Im Endeffekt ist es aber natürlich egal, wo genau der Übertrag herkommt, deshalb sind in Abb. 4 rechts die Ausgänge der beiden AND-Gatter (d. h. die Übertragsbits des ersten bzw. des zweiten Halbaddierers) abschließend noch mit einem OR verknüpft. Damit haben wir jetzt also eine Lösung für den sog. *Volladdierer*. Im Sinne des Black Box-Ansatzes abstrahieren wir ab sofort wieder von seinen technischen Einzelheiten und zeichnen dafür ein Kästchen mit drei Eingängen und zwei Ausgängen, das wir mit „VA" beschriften.

Paralleladdierer. Schließlich können wir mehrere Volladdierer zu einem *Paralleladdierer* zusammenfügen, der die Summe zweier n-stelliger Binärzahlen berechnet (siehe Seite 8). Hierzu benötigen wir pro Stelle einen Volladdierer und verbinden die beiden ersten Eingänge mit der jeweiligen Stelle der Summanden, während am dritten Eingang das Übertragsbit des vorigen Volladdierers anliegt (das Carry-out-Bit einer Stelle wird also zum Carry-in-Bit der nächsthöheren Stelle). Für die Einerstelle würde strenggenommen ein Halbaddierer genügen (es kann ja keinen Übertrag von vorherigen Stellen geben), aber der Einfachheit halber verwenden wir auch hierfür einen Volladdierer und setzen hierfür c_{in} auf 0.

Die resultierende Schaltung für Summanden der Länge 4 Bit sehen wir in Abb. 5. Im Gegensatz zum Rechnen mit Papier und Bleistift, bei dem wir ja Stelle für Stelle von rechts nach links vorgehen und dabei allfällige Überträge sofort verarbeiten, arbeiten die Volladdierer dieser Schaltung im Prinzip gleichzeitig, also parallel, und hängen nur über mögliche Überträge voneinander ab, was die Bezeichnung „Paralleladdierer" erklärt.

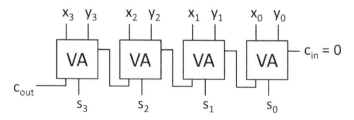

Abb. 5 4-Bit-Paralleladdierer

Dekodierer. Als nächstes Beispiel einer komplexen Gatterschaltung betrachten wir den *Dekodierer* (Abb. 6 links). Ein Dekodierer besitzt im Allgemeinen n Eingänge und 2^n Ausgänge, wobei die n Eingänge dazu dienen, die 2^n Ausgänge durchzunummerieren. Hierzu interpretieren wir zunächst das an den Eingängen anliegende Bitmuster als n-stellige Binärzahl. Haben wir also z. B. zwei Eingänge wie in Abb. 6 links, die beide mit 1 belegt sind, dann können wir das als Binärzahl 11 lesen, was dezimal der Zahl 3 entspricht. Der Dekodierer hat in diesem Fall $2^2 = 4$ Ausgänge, und weil wir mit zwei Bits von 0 bis 3 zählen können, lassen sich diese vier Ausgänge durchnummerieren. Die Schaltung hat dann folgende Funktionalität: Sie liest am Eingang eine Nummer von 0 bis 3 ab und schaltet den Ausgang mit dieser Nummer auf 1, während alle anderen Ausgänge auf 0 gelegt werden. Für unser Beispiel 11 liefern aufgrund der NOT-Gatter an den Eingängen die oberen drei AND-Gatter in Abb. 6 links jeweils eine 0 am Ausgang, während der Ausgang des untersten AND-Gatters zu einer 1 wird. Anders ausgedrückt: Die Schaltung „dekodiert" das am Eingang anliegende Bitmuster als die Nummer eines der Ausgänge und steuert diesen dann mit einer Art „Signal" an. Mit diesem ausgehenden Signal kann man dann z. B. nachfolgende Schaltungen aktivieren, was, wie wir noch sehen werden, für den Betrieb eines Prozessors eine ausgesprochen nützliche Fähigkeit darstellt.

Ansteuerung. Das waren jetzt also einige Beispiele für Gatterschaltungen, die allerdings jeweils für ganz spezielle Aufgaben konzipiert waren: ein Addierer addiert, ein Inverter invertiert, das war's dann aber auch schon, und man kann das Zeug für nichts anderes brauchen. Viel praktischer wäre es natürlich, wenn man mit einer Schaltung verschiedene Dinge anstellen könnte und ihr einfach von außen

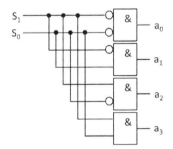

Steuer- leitung	Daten- leitung	Ausgang	Funktionalität
0	0	0	transparent
0	1	1	transparent
1	0	1	invertiert
1	1	0	invertiert

Abb. 6 Ansteuerung bei einem 2-zu-4-Dekodierer durch die Leitungen S_0 und S_1 (links) und bei einem XOR-Gatter (rechts, S = Steuerleitung, D = Datenleitung)

mitteilt, was sie als nächstes machen soll. Dazu müsste man sie aber irgendwie ansteuern können – bloß wie?

Betrachten wir einen einfachen Fall: Gesucht sei eine Schaltung, die zwei Zahlen x und y der Länge 4 Bit je nach Wunsch addiert oder subtrahiert. Dafür brauchen wir neben den üblichen Eingängen für x und y noch einen zusätzlichen Eingang S als Steuerleitung, und wir vereinbaren: wird $S = 0$ gesetzt, dann soll diese „Kombi-Schaltung" addieren, und bei $S = 1$ subtrahieren, also die Differenz x–y berechnen.

Steuerleitung. Wie könnte so eine *Ansteuerung* funktionieren? Sehen wir uns dazu den Fall eines einfachen XOR-Gatters an. Wie wir wissen, hat dieses Gatter zwei eigentlich gleichberechtigte Eingänge. Wir können diese Eingänge aber auch aus einer anderen Perspektive betrachten, indem wir den einen davon als „Steuereingang" S verwenden, mit dem wir einstellen können, was das Gatter mit dem anderen Eingang, dem „Dateneingang" D, anstellen soll. Sehr schön lässt sich das an der Wahrheitstabelle in Abb. 6 rechts ablesen: Legen wir beim XOR-Gatter den Steuereingang S auf 0, so kommt am Ausgang genau das heraus, was am Dateneingang hineingeht (das Gatter wird also „transparent"). Legen wir S allerdings auf 1, so wird der Dateneingang offenbar invertiert: aus 0 wird 1, aus 1 wird 0. Auf diese Weise legt der Steuereingang also fest, was das Gatter mit dem Input am Dateneingang macht.

Kombi-Schaltung. Das wollen wir jetzt für unsere gesuchte Schaltung ausnutzen, indem wir einen gewöhnlichen Paralleladdierer hernehmen, allerdings den zu y gehörenden Eingängen jeweils XOR-Gatter vorschalten, welche über die gemeinsame *Steuerleitung* S angesteuert werden (Abb. 7). Wenn wir hier $S = 0$ setzen, dann haben wir ja eben gelernt, dass in diesem Fall die XOR-Gatter allesamt transparent werden, d. h. die Bits am Dateneingang einfach unverändert durchlassen. Anders ausgedrückt: An den Eingängen des Paralleladdierers liegen einfach die beiden Zahlen x und y an, und diese werden ganz normal zusammengezählt – das passt also soweit.

Spannend wird es, wenn wir die Steuerleitung $S = 1$ setzen, denn das bedeutet für die XOR-Gatter, dass sie jeweils den Dateneingang invertieren: aus 0 wird 1, aus 1 wird 0. Dieses bitweise Kippen einer Binärzahl haben wir aber bereits in ganz anderem Zusammenhang kennengelernt: Es führt nämlich auf das Stellenkomplement von y (vgl. Seite 9 f.). Wie wir uns weiter erinnern, müssen wir dann nur noch 1 addieren, um das vollständige Komplement zu erhalten, das seinerseits die negative Zahl –y repräsentiert. Hierfür wird nun ein kleines Detail in Abb. 7 wichtig, das man leicht übersehen kann: die Steuerleitung S ist nämlich nicht nur mit den XOR-Gattern, sondern ganz rechts auch noch mit dem c_{in}-Eingang des Paralleladdierers

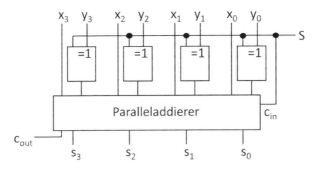

Abb. 7 Kombinierte Additions-/Subtraktionsschaltung mit Steuerleitung S

verbunden. Wenn also dieser bei $S = 1$ die Zahl x zum anliegenden Stellenkomplement von y addiert und dann noch die 1 vom c_{in}-Eingang dazuzählt, dann ist das Ergebnis x plus das vollständige Komplement von y. Wie üblich ignorieren wir c_{out} und erhalten so als Summenbits $s_3 s_2 s_1 s_0$ insgesamt die Differenz $x-y$.

Arithmetisch-Logische Einheit. Wir haben also tatsächlich eine ansteuerbare Schaltung entworfen, die zwei verschiedene Funktionalitäten besitzt. Das lässt sich natürlich weiter treiben, indem wir nach und nach immer mehr ansteuerbare Funktionalitäten in immer gefinkeltere Schaltungen mit immer mehr Steuerleitungen einbauen, bis wir irgendwann zur sog. *Arithmetisch-Logischen Einheit (ALU)* kommen, einer komplexen Schaltung, die darauf ausgelegt ist, unterschiedlichste arithmetische und logische Operationen auszuführen. Anders ausgedrückt: Eine ALU kann nicht nur addieren, subtrahieren, inkrementieren oder dekrementieren, sondern beherrscht auch alle relevanten logischen Verknüpfungen wie NOT, AND, OR und XOR und vieles andere mehr, was man als Prozessor halt so braucht.

Maschinensprache. Dabei ist es immer die Belegung ihrer Steuerleitungen, die der ALU sagt, was als Nächstes zu tun ist. Denken wir das etwas weiter, so können wir die verschiedenen möglichen Kombinationen von 0 und 1 an den Steuerleitungen jeweils als ein Art „Befehl" an die ALU interpretieren, und einen Computer zu programmieren bedeutet dann im Endeffekt nichts anderes als die korrekte Abfolge solcher Befehls-Bitmuster zu erzeugen und nacheinander an die Steuerleitungen der ALU anzulegen. Da eine ALU natürlich viel komplexer gebaut ist als etwa die Schaltung in Abb. 7, beherrscht sie auch deutlich mehr solche Befehle, es gilt aber stets: Ein Befehl ist letztlich nichts anderes als ein Muster aus 0 und 1, und die

Aneinanderreihung dieser Bitmuster ergibt ein Programm in *Maschinensprache*.
Allerdings erweist sich so ein Programm schnell als unverständliches Kuddelmud-
del aus Nullen und Einsen, daher verwendet man zum Programmieren in aller
Regel höhere Programmiersprachen (wie etwa C++) und lässt den entstehenden
Code dann von hochspezialisierten Programmen, den *Compilern*, automatisch in
Maschinensprache übersetzen, damit ihn der Prozessor bzw. die ALU „verstehen"
kann.

Zusammenfassung. Das war jetzt ein großer Schritt nach vorne: Nachdem wir
gesehen haben, wie uns die logische Vollständigkeit des NOR-Gatters ermöglicht,
alle anderen Grundgatter daraus zu bauen, ist uns eine Schaltung nach der anderen
regelrecht in den Schoß gefallen – wir mussten lediglich die entsprechende Booleschen Funktionen 1:1 in Hardware realisieren. Schließlich erlaubt uns die Idee
der Ansteuerung von Gattern, sogar multifunktionale Schaltungen zu bauen, die ein
vorgegebenes Programm Schritt für Schritt abarbeiten, wenn wir ihre Steuerleitungen Takt für Takt mit entsprechenden Bitmustern, den Maschinenbefehlen, belegen.
Das kommt dem, wie ein Prozessor funktioniert, schon ganz schön nahe.

Digitale Speicher: Verweile doch, du Bit so schön...

Doch wir sind noch nicht am Ziel. Zwar sind für den Bau eines Prozessors
Gatterschaltungen von größter Wichtigkeit, denn sie erlauben es, Daten zu verarbeiten. Doch manchmal möchte man auch einfach nur, dass Daten unverändert
erhalten bleiben. Dafür brauchen wir eine andere Sorte digitaler Schaltungen: die
Speicher.

Speicherzelle. Fangen wir dabei wieder mit der allereinfachsten Aufgabe an: Wie
speichert man ein Bit mithilfe einer Schaltung? Hierzu müssen wir uns vom bis-
herigen Prinzip verabschieden, dass in einer Gatterschaltung jedes Gatter seinen
Ausgang mit dem Eingang eines nachfolgenden Gatters verbindet, bis schließlich
am allerletzten Ausgang das Ergebnis der Schaltung vorliegt. Eine derartige Gatterschaltung kann sich nämlich aus Prinzip nichts merken – was am Eingang anliegt,
rauscht quasi durch und ist danach weg. Bits speichern können wir dagegen nur
in einer Schaltung, die sich selbst stabilisiert, indem ihr Ausgang zum Eingang
rückgekoppelt wird.

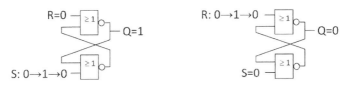

Abb. 8 S/R-Latch: Set (links) und Reset (rechts)

S/R-Latch. Dies lässt sich auf verschiedene Weise realisieren, zum Beispiel, indem wir zwei NOR-Gattern so zusammenschalten, dass wie in Abb. 8 dargestellt jeweils der Ausgang eines NOR-Gatters an einen der Eingänge des anderen NOR-Gatters rückgekoppelt wird. Dann bleibt an jedem NOR-Gatter noch jeweils ein Eingang übrig, den wir als eine Art „Schalter" dazu verwenden, um die Speicherzelle auf 1 zu setzen (Set) oder auf 0 zurückzusetzen (Reset).

Schauen wir uns kurz an, wie ein solches *S/R-Latch* funktioniert. Wir nehmen zunächst einmal an, die beiden Schalteingänge sind auf Null gesetzt: $R = S = 0$ (über die Spannung an den anderen Eingängen der NOR-Gatter wissen wir noch nichts). Dann können wir eine 1 einspeichern, indem wir $S = 1$ am Set-Eingang anlegen (Abb. 8 links). Damit ergibt sich am Ausgang des unteren NOR-Gatters ein 0, egal was am zweiten Eingang anliegt. Diese 0 läuft dann zum unteren Eingang des oberen NOR-Gatters, und weil dort der Reset-Eingang $R = 0$ ist, ergibt das für den Ausgang des oberen NOR-Gatters $Q = 1$. Diese 1 läuft wiederum in das untere NOR-Gatter hinein, und nun ist es sogar egal, was an dessen Set-Eingang anliegt: das untere NOR-Gatter liefert eine 0, wir haben einen stabilen Zustand erreicht und können sogar das S wieder auf $S = 0$ zurücksetzen.

Wenn wir als nächstes umgekehrt den Reset-Eingang von $R = 0$ auf $R = 1$ setzen (Abb. 8 rechts), so kommt am Ausgang des oberen NOR-Gatters eine 0 heraus, die in das untere NOR-Gatter hineinläuft und gemeinsam mit $S = 0$ eine 1 am Ausgang ergibt, welche wieder in das obere NOR-Gatter hineinläuft. Insgesamt haben wir auch hier einen stabilen Zustand, allerdings mit genau umgekehrter Belegung: überall, wo vorher eine 1 stand, steht jetzt eine 0, und wo eine 0 war, finden wir jetzt eine 1. Insbesondere ist jetzt $Q = 0$, d. h. unsere Speicherzelle speichert jetzt eine 0.

Zusammenfassung. Mit CMOS-Schaltungen lassen sich also nicht nur Bits verarbeiten, sondern auch Bits speichern. Unser Black Box-Ansatz erlaubt uns dann, mehrere solche Speicherzellen zu *Registern* zusammenzufügen und so auch größere Speicherstrukturen zu bauen. Aber Vorsicht: Diese Art des Speicherns setzt voraus, dass der Computer stets eingeschaltet bleibt, weil wir ja die Betriebsspannung für unsere CMOS-Schaltungen benötigen. Wird dagegen die Stromversorgung einmal unterbrochen, und sei es auch noch so kurz, dann geht die gespeicherte Information sofort verloren. Deshalb muss man für eine dauerhafte (nicht-flüchtige) Speicherung andere Mechanismen verwenden, auf die wir aber an dieser Stelle nicht weiter eingehen wollen (für Interessierte verweisen wir z. B. auf [Hoffmann 2020]).

Prozessor- und Rechnerarchitektur: Das große Ganze

Nach so viel Vorarbeit ist jetzt der große Augenblick gekommen: Wir haben alles beieinander, um zunächst einen *Prozessor* (Central Processing Unit = *CPU*) zu bauen und dann gleich einen ganzen Computer. Dabei folgen wir einem Konzept, das der große Mathematiker John von Neumann 1945 vorschlug. Die nach ihm benannte *Von-Neumann-Architektur* lässt sich folgendermaßen zusammenfassen:

1. Ein Computer arbeitet programmgesteuert. Unter einem *Programm* versteht man dabei eine genau spezifizierte und deterministische Abfolge detaillierter Befehle, die als eine Art „Rezept" die einzelnen Berechnungsschritte hin zur Lösung eines Problems beschreiben.
2. Befehle und Daten lassen sich gleichermaßen als Bitmuster darstellen. Sie werden in ein und demselben Arbeitsspeicher gespeichert und über dieselben Kommunikationsleitungen übertragen.
3. Die Arbeit des Prozessors besteht in der zyklischen Wiederholung dreier Aktivitäten: Zunächst wird ein Befehl samt zugehöriger Daten aus dem Hauptspeicher in den Prozessor geladen („fetch"), sodann dekodiert („decode") und schließlich ausgeführt („execute"), bevor das Ergebnis gespeichert wird und dieser „Fetch-Decode-Execute"-Zyklus von vorne beginnt.

Von Neumann-Architektur. Sehen wir uns nun im Detail an, wie dieses Konzept typischerweise umgesetzt wird. In der oberen Hälfte von Abb. 9 ist der Aufbau (oder, wie wir auch sagen: die Architektur) eines Prozessors mit seinen wichtigsten Komponenten dargestellt. Hierbei ist das *Steuerwerk* für die Kontrolle sämtlicher Abläufe im Prozessor zuständig und kann über entsprechende Steuerleitungen die übrigen Komponenten ansteuern. Außerdem enthält es den Befehlsdekodierer. Das *Rechenwerk* (Arithmetisch-Logische Einheit) bildet das Herzstück des Prozessors und ist für sämtliche logische und arithmetische Berechnungen zuständig. Zudem gibt es im Prozessor eine Reihe sehr schneller Register, um Zwischenergebnisse speichern zu können, wobei die *Statusflags* eine besonders wichtige Rolle spielen: Bei ihnen handelt es sich um Speicherzellen für jeweils ein Bit, die z. B. festhalten, ob es bei der letzten Berechnung einen Überlauf (also ein Carry-Out) gegeben hat, ob das Ergebnis der Berechnung gleich Null war und Ähnliches mehr. Schließlich sehen wir in Abb. 9 noch zwei Spezialregister: Das *Instruktionsregister* ist dafür zuständig, einen Befehl zu speichern, sobald er aus dem Arbeitsspeicher geladen wurde, während der *Programmzähler* die Adresse enthält, unter der wir im *Arbeitsspeicher* den nächsten auszuführenden Befehl unseres Programms finden können.

Arbeitsspeicher. Das bringt uns an dieser Stelle kurz zum Thema Adressierung: Der Arbeitsspeicher eines Computers ist ein *RAM (Random Access Memory)*, d. h. es dauert prinzipiell immer gleich lang, auf eine zufällig ausgewählte Speicherzelle zuzugreifen (was z. B. bei einer Festplatte nicht der Fall ist). Das ist sehr praktisch, weil es keine Rolle mehr spielt, wo genau wir etwas abspeichern, andererseits müssen wir aber auch alles zuverlässig wiederfinden können. Deswegen versehen wir alle zu speichernden Daten mit (binären) Adressen, und ein Lesezugriff auf den

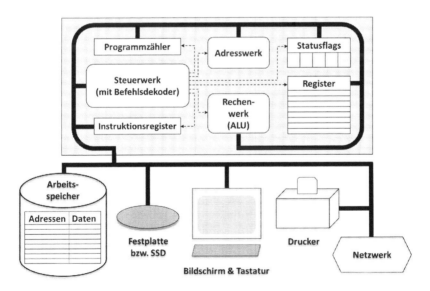

Abb. 9 Architektur eines Prozessors (oben) mit Steuerleitungen (gestrichelte Pfeile), Bus (dicke Linien), Arbeitsspeicher (unten links) und Peripheriegeräten (unten rechts)

Arbeitsspeicher besteht dann darin, die Daten abzurufen, die unter einer bestimmten Adresse abgespeichert sind. Für die Berechnung solcher Speicheradressen ist im Prozessor ein eigenes *Adresswerk* zuständig, das damit die ALU von einer Reihe langweiliger Routineaufgaben entlastet.

Bus. Für die Kommunikation zwischen den Komponenten des Prozessors sorgt der *Bus* (wir sehen ihn als dicke Linie eingezeichnet); er heißt so, weil er wie ein Autobus alle Stationen entlang seiner Route miteinander verbindet und seine Passagiere (= Bits) überall zusteigen oder aussteigen können. Ein Bus besteht aus einer Reihe von parallel geführten Leitungen (im Falle einer 32-Bit-Architektur sind das z. B. 32 Stück), wobei jede Leitung für genau ein Bit zuständig ist. Möchte man also z. B. eine bestimmte Binärzahl von Komponente K1 nach Komponente K2 übertragen, so erhält K1 Zugang zum Bus und schaltet auf jede Leitung eine Stelle der Zahl auf. Als nächstes greift K2 auf den Bus zu, liest das aktuelle Bitmuster ab und setzt es wieder zu einer Binärzahl zusammen. Der Bus selbst wird danach wieder von K1 und K2 abgekoppelt und steht für die nächste Übertragung bereit.

Fetch-Decode-Execute. Bei alledem sieht der Arbeitsalltag eines Prozessors vergleichsweise trist aus und besteht im Wesentlichen aus dem bereits erwähnten *Fetch-Decode-Execute-Zyklus*, lediglich hin und wieder unterbrochen von externen Meldungen, die von den Peripheriegeräten kommen. Jeder dieser Zyklen beginnt mit einer „Fetch"-Phase, in der die nächste Instruktion und ggf. die zugehörigen Daten aus dem Arbeitsspeicher ausgelesen und über den Systembus zum Prozessor übertragen werden. Dort wird der Befehl im Instruktionsregister eingespeichert und dann vom Befehlsdekodierer während der „Decode"-Phase dekodiert (wie das grundsätzlich funktioniert, haben wir uns ja schon in Abb. 6 links angesehen). Dann beginnt das Steuerwerk die „Execute"-Phase und koordiniert alle nachfolgenden Aktivitäten: Register werden angesprochen und von dort Daten auf den Bus gelegt, die ALU wird angesteuert, Statusflags werden abgerufen, das Adresswerk wird mit der Berechnung von Speicheradressen beauftragt, die Adresse des nächsten Befehls wird ermittelt und im Programmzähler abgelegt usw. Sobald das alles fertig ist, wird von der ALU das Ergebnis der Berechnung wieder in einem Register abgespeichert oder zurück in den Arbeitsspeicher geschrieben. Schließlich wird der Inhalt des Programmzählers ausgelesen und von der entsprechenden Adresse im Arbeitsspeicher die nächste Instruktion abgerufen, und das Spiel beginnt von vorne.

Zusammenfassung. Damit sind wir am Ende unserer Reise angekommen, die uns von den allerersten Grundlagen des Binärsystems und der Booleschen Algebra hinab auf die Ebene geführt hat, wo Elektronen im Transistor herumflitzen und erste einfache Schaltungen ermöglichen, aus denen wir dann nach und nach einen richtigen Computer zusammengebaut haben. Natürlich gäbe es zu vielen Themen noch etwas zu sagen – wir haben die Frage der effizienten Speicherorganisation mittels schneller Caches nicht einmal berührt, desgleichen die Parallelisierung von Abläufen im Prozessor durch Pipelining oder superskalare Architekturen, von Fragen der Kompilierung und der Maschinen- und Mikroprogrammierung ganz zu schweigen. Das macht aber nichts – es ging uns ja von Anfang an nur darum, genauer zu verstehen, wie wir die grundlegenden Anforderungen an einen digitalen Computer, nämlich mit Zahlen und Wahrheiten rechnen zu können, durch Halbleitertechnologie realisieren können und wie aus einfachen CMOS-Schaltungen nach und nach das Universum eines Chips und schließlich eines Computers entsteht (Abb. 10).

Abb. 10 Blick ins Innere eines PCs: in der Mitte die CPU, oben links der Arbeitsspeicher

Epilog:
Schritt für Schritt zum Quantenbit

Es geht aber auch ganz anders. Das sehen wir am besten an einer Technologie, der ein geradezu gigantisches Potential für die mittel- und langfristige Zukunft zugeschrieben wird und mit der wir uns zum Ausklang kurz beschäftigen wollen. Die Rede ist vom Quantencomputing.

Da allerdings jede auch nur einigermaßen seriöse Einführung in dieses Gebiet den Umfang der verbleibenden Seiten bei weitem sprengen würde, werden wir dies gar nicht erst versuchen und verweisen hierfür auf [Pospiech 2022] oder [Homeister 2022]. Wir wollen uns aber wenigstens ein paar Konzepte anschauen, bei denen sich Quantencomputer und klassischer Computer nicht ganz unähnlich sind, und inwiefern natürlich trotzdem alles ganz anders ist.

Qubit. Beginnen wir bei der grundlegenden Informationseinheit, dem Bit. Im klassischen Fall kann ein Bit bekanntlich die Zustände 0 oder 1 annehmen. Auch ein Quantenbit (*Qubit*) kennt diese beiden Zustände, wir schreiben sie allerdings $|0\rangle$ und $|1\rangle$, damit wir sofort wissen, dass es sich um Qubits handelt. Neben $|0\rangle$ und $|1\rangle$ kann ein Qubit auch noch unendlich viele weitere Zustände annehmen, die eine Art „Mischung" von $|0\rangle$ und $|1\rangle$ darstellen (der Fachausdruck dafür heißt Überlagerung; mathematisch ist dies die gewichtete Summe $|\varphi\rangle = \alpha \cdot |0\rangle + \beta \cdot |1\rangle$ mit „Gewichten" α und β).

Blochkugel. Am besten stellt man sich so ein Qubit als runden Luftballon vor, den wir aufgeblasen und zugeknotet haben. Dann beschreibt die Oberfläche dieses Luftballons näherungsweise eine Kugel, die sog. *Blochkugel* (Abb. 1 links). Den Zustand $|0\rangle$ finden wir oben am Nordpol dieser Kugel, den Zustand $|1\rangle$ am Südpol, und alle anderen Punkte der Kugeloberfläche entsprechen dann Überlagerungszuständen $|\varphi\rangle = \alpha \cdot |0\rangle + \beta \cdot |1\rangle$.

P. Reichl, *Eine kurze Geschichte der Technischen Informatik*, essentials,
https://doi.org/10.1007/978-3-658-41183-1_5

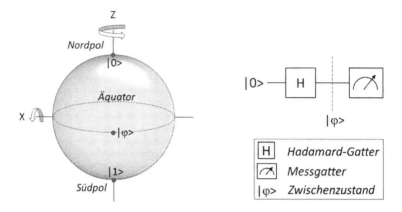

Abb. 1 Blochkugel (links) und Quantenschaltung für den Zufallszahlengenerator (rechts)

Quantengatter. Kommen wir zur nächsten Parallele: Ähnlich dem klassischen Fall dienen *Quantengatter* dazu, den Zustand eines Qubits am Eingang in einen anderen Zustand am Ausgang umzuwandeln. Da nun alle (für unsere Zwecke interessanten) „reinen" Zustände eines Qubits auf der Oberfläche der Blochkugel liegen, ist ein Quantengatter im Grunde nichts anderes als eine Folge von Drehungen unseres Luftballons, welche den Knoten von einem Punkt der Oberfläche zu einem anderen transportiert. Die Funktionalität eines Quantengatters wird durch diese Drehungen bestimmt, während sie im Fall eines klassischen Gatters ja durch eine Wahrheitswerttabelle festgelegt wird.

Pauligatter. Schauen wir uns an dieser Stelle ein paar einfache Quantengatter (also Drehungen) konkret an. Da wäre z. B. die 180°-Drehung um eine Achse X, die durch den Äquator der Blochkugel geht (Abb. 1 links). Stellen wir uns wieder den Luftballon vor und nehmen an, der Knoten ist am Nordpol, dann wird ihn eine solche Drehung an den Südpol befördern und umgekehrt: aus |0⟩ wird also |1⟩, aus |1⟩ wird |0⟩, und wir haben einen Inverter, hier X-Gatter genannt. Eine andere 180°-Drehung, diesmal um die Achse Z durch Süd- und Nordpol der Blochkugel (also ähnlich der Erddrehung) heißt Z-Gatter, und dann gibt es noch eine dritte Achse durch den Kugelmittelpunkt, die auf den beiden anderen senkrecht steht und durch den Äquator geht – sie gehört zum Y-Gatter. Man nennt diese drei Gatter auch *Pauligatter*, und siehe da: Man kann jede beliebige Drehung des Luftballons aus nacheinander durchgeführten Drehungen um diese drei Achsen kombinieren – ähnlich wie in der Booleschen Algebra gibt es also auch hier so etwas wie „Grundgatter".

Hadamard-Gatter. Ein weiteres wichtiges Quantengatter ist das *Hadamard-Gatter* H. Es dreht den Knoten unseres Luftballons vom Nordpol zum Äquator (siehe $|\varphi\rangle$ in Abb. 1 links), und das hat eine enorm interessante Konsequenz, für die wir allerdings erst noch etwas ausholen müssen. Wir haben nämlich noch nicht erwähnt, dass Quantencomputing nur funktioniert, wenn man nicht hinschaut (Stichwort: „Schrödingers Katze"). Das bedeutet konkret: Sobald wir den aktuellen Zustand eines Qubits messen, zerstören wir unweigerlich seinen Überlagerungszustand. Daher schickt man erst ganz am Ende einer Schaltung, also nach all den Drehungen, den finalen Zustand des Qubits durch ein *Messgatter*, und Achtung: Als Ergebnis dieser Messung erhält man ein klassisches Bit, also 0 oder 1, während der Quantenzustand kollabiert. Das ist ein bisschen so, als würden wir unseren Luftballon am Ende der Schaltung platzen lassen, wobei der Knoten auf mysteriöse Weise entweder am Nordpol oder am Südpol landet (die Quantenphysik ist voller solcher Mysterien – wir wollen sie nicht weiter hinterfragen, sondern einfach zur Kenntnis nehmen). Wie üblich entspricht der Nordpol dann einer 0, der Südpol einer 1, und ganz wichtig: Wo der Knoten bei der Messung landet, ob bei 0 oder 1, wird komplett durch den Zufall bestimmt. Es lässt sich dabei nur eines sagen: Eine 0 ist umso wahrscheinlicher, je näher der Knoten vorher am Nordpol war, und umgekehrt eine 1 umso wahrscheinlicher, je näher vorher am Südpol.

Zufallszahlengenerator. Was bedeutet das für unser Hadamard-Gatter? Nun, nach Durchlaufen von H liegt der Knoten $|\varphi\rangle$ unseres Luftballons wie geschildert auf dem Äquator, d. h. er ist von Nord- und Südpol exakt gleich weit entfernt. Wenn wir daher jetzt eine Messung des Zustands $|\varphi\rangle$ durchführen (Abb. 1 rechts oben), wird diese mit genau 50 % Wahrscheinlichkeit eine 0 bzw. 1 ergeben. Wir haben also schon eine erste nützliche Quantenschaltung gebaut, nämlich einen lupenreinen Zufallszahlengenerator.

Quantenregister. Kommen wir jetzt zu einer besonders interessanten Frage: Woher rührt eigentlich die Überlegenheit eines Quantencomputers, die sog. *Quantum Supremacy*? Die Antwort liegt unter anderem im Zusammenbau einzelner Qubits zu größeren Einheiten, den *Quantenregistern*, wobei es einen wirklich gravierenden Unterschied zum klassischen Fall gibt. Ein traditionelles n-Bit-Register speichert nämlich einen von 2^n Zuständen (z. B. lässt sich mit 3 Bit eine von $2^3 = 8$ Zahlen speichern, also 0, 1, 2, ... oder 7). Demgegenüber kann ein Quantenregister aus 3 Qubits die $2^3 = 8$ Zustände $|0\rangle, |1\rangle, |2\rangle, ... |7\rangle$ in eine gemeinsame Überlagerung bringen (ein Mathematiker würde schreiben: $|\varphi\rangle = \alpha_0 \cdot |0\rangle + \alpha_1 \cdot |1\rangle + ... + \alpha_7 \cdot |7\rangle$ mit Gewichten $\alpha_0, \alpha_1, ... \alpha_7$). Gemeinsame Überlagerung aber bedeutet, dass alle acht Zustände gleichzeitig darin enthalten sind und man deshalb mit all diesen

Zuständen auch gleichzeitig rechnen kann. Und das geht weiter: Mit vier Qubits lassen sich $2^4 = 16$ Zustände gleichzeitig darstellen, mit zehn Qubits schon über tausend ($2^{10} = 1024$), und mit 300 Qubits insgesamt 2^{300} Zustände, was (fun fact!) in etwa der geschätzten Anzahl von Atomen im gesamten Universum entspricht. Funktionsfähige Quantenchips mit 300 Qubits sind heute aber schon in Reichweite und illustrieren so das Potential, das im Quantencomputer steckt und ihn gegenüber einem klassischen Rechner so überlegen macht!

Realisierung. Natürlich – man ahnt es schon – hat die Sache auch einen Haken, genau besehen sogar mehrere. Zum einen haben wir noch gar nicht darüber gesprochen, wie sich denn all dieses Quantenzeugs technisch realisieren lässt – und dafür gibt es einen guten Grund: Man weiß nämlich noch nicht so wirklich, welche Technologie sich dafür durchsetzen wird. Die Situation ist ähnlich der bei Digitalrechnern vor der Erfindung des Transistors – man wusste genau, da geht was, aber nicht genau, wie. Die gute Nachricht dabei: Es gibt einige Ansätze, die auf so lustige Namen wie „Ionenfalle", „quantisierter Tunnelstrom" oder „adiabatisches Quantencomputing" hören und z. T. recht vielversprechend sind, und es gibt natürlich in beschränktem Ausmaß auch schon funktionierende Prototypen, sodass sich die Physiker und Ingenieure sicher sind, das früher oder später anständig hinzubekommen.

Quantenalgorithmen. Das andere große Problem besteht darin, dass die meisten heute bekannten Algorithmen, bei denen ein Quantencomputer sein Potential ausspielen kann, für den Alltag eher von – sagen wir mal – überschaubarer Relevanz sind. Denn im Gegensatz zum klassischen Computer, der ja darauf ausgelegt ist, alles zu berechnen, was man überhaupt nur berechnen kann, löst ein Quantencomputer nur sehr spezielle Probleme, diese aber dafür unglaublich schnell. Es gibt allerdings mindestens eine prominente Ausnahme, nämlich den Algorithmus von Shor, der die Zerlegung einer Zahl in ihre Primfaktoren ermöglicht. Dummerweise ist genau das die Grundlage fast aller Verschlüsselungen im Internet, und daher wird der Shor-Algorithmus dazu führen, dass diese Verschlüsselungsmethoden über kurz oder lang obsolet werden.

Hybrid-Architekturen. Die meisten klassischen Probleme werden wir aber auch in absehbarer Zukunft mit klassischen Computern lösen, daher liegt das eigentliche Potential des Quantencomputings heute vor allem in hybriden Architekturen, bei denen wir ein Problem zunächst mit einem klassischen Rechner angehen, um es dann im richtigen Moment einem Quantencomputer zu übergeben. Dieser kann dann für eine bestimmte Spezialfrage sein Potential voll ausspielen und gibt danach sein Ergebnis wieder an den klassischen Rechner zurück.

The End. Wie wir das aber genau und vor allem einigermaßen erschwinglich realisieren werden, ist nach wie vor Gegenstand intensiver Forschung. Und so endet
diese kurze Geschichte der Technischen Informatik eigentlich dort, wo sie begon-
nen hat. Wie zu den Urzeiten der Digitalrechner stehen wir heute wieder am Anfang
einer Ära, wo wir die ungeheuren Möglichkeiten einer neuen Technologie erahnen,
während wir noch damit kämpfen, sie überhaupt erst einmal stabil zu beherrschen,
bevor dann eines Tages auch Quantencomputer Teil unseres Alltags sein werden.
Wir leben in aufregenden Zeiten!

Wenn Sie noch nicht genug haben, finden Sie eine Vielzahl von Online-Videos
und Zusatzmaterialien auf der Webseite https://tgi.guru.

Any feedback welcome: peter.reichl@univie.ac.at

Was Sie aus diesem *essential* mitnehmen können

- Das Wichtigste zum Thema „Wie funktioniert ein Computer eigentlich?"
- Eine frische Perspektive auf die technischen Grundlagen aktueller und zukünftiger Rechnergenerationen
- Eine nützliche Übersicht (Stichwortverzeichnis) der *100 wichtigsten Begriffe aus der Technischen Informatik*

Zum Weiterlesen

Klaus Brüderle: Bits und Bytes in Mikrochips. Springer Vieweg 2022.
Dirk Hoffmann: Grundlagen der Technischen Informatik. Hanser Verlag 2020.
Matthias Homeister: Quanten Computing verstehen: Grundlagen - Anwendungen - Perspektiven. 6. Auflage, Springer 2022.
Gesine Pospiech: Quantencomputer & Co. Springer *essentials*, 2022.
Klaus Wüst: Mikroprozessortechnik. 4. Auflage, Vieweg Teubner 2011.
… und natürlich nicht zu vergessen:
Johann Wolfgang von Goethe: Faust – Eine Tragödie. J. G. Cotta'sche Buchhandlung Tübingen, 1808.

P. Reichl, *Eine kurze Geschichte der Technischen Informatik*, essentials,
https://doi.org/10.1007/978-3-658-41183-1

Stichwortverzeichnis

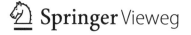

Printed in the United States
by Baker & Taylor Publisher Services